教誨師関口亮共とBC級戦犯

シンガポール・チャンギー刑務所
一九四六—一九四七

布川玲子・伊藤京子＝編著

日本評論社

はじめに

太平洋戦争中、日本がタイ－ビルマ間に建設した泰緬《たいめん》鉄道は、大勢の連合国軍捕虜が動員され過酷な労働を強いられたこと、そのことにより、戦後大勢の日本人の軍人、軍属のほか、主として捕虜収容所の監視員として雇われた韓国・朝鮮人の軍属が、戦争犯罪（ＢＣ級戦犯）*1に問われたことで知られる。そして彼らが終戦直後から巣鴨刑務所に移送されるまで囚われていたシンガポール「チャンギー刑務所」では、一九四六（昭和二一）年三月から一九四七（昭和二二）年九月までのあいだ、泰緬鉄道関連のほか、アンダマン、ニコバル、サイゴン、タイ、ボルネオ、ジャワ、マレー、シンガポール等、南方の諸島、諸国にかかわる多数の戦犯のうち一二九名の死刑が執行された*2。

このチャンギーで、〝絞首台の響き〟のもと、関口亮共《りょうきょう》（以下、「亮共」とする）は、教誨師として死刑囚に、最期の時を待つ日々から「その時」まで、身近に接し、寄り添い、見送った。このとき亮共は、三〇歳代半ば。二度に及ぶ召集により「兵」となり、終戦を迎え、除隊、帰還を待つ身に新たに命じられたのが、「教誨師」の任であった。教誨師・亮共の姿は、その後、減刑され生還した死刑囚らが著した著作や処刑された死刑囚の遺書*3にたどることができる。しかし、亮共の仕事は、一九四七（昭和二二）年四月に日本に帰還してからも続く。大勢の死刑囚から預かった遺書を遺族に届ける仕事である。遺書を受け取った遺族からの照会の手紙や、訪問への応対も続く。

本書の企画は、亮共が第一六代住職を務めた明長寺*4の本堂より、チャンギー関連の文書（以下、「明長寺資料」とする）が多数発見されたことに端を発する。その経緯は、本書の序章「『手記』と『手紙』の発見」で亮共の孫、伊藤京子が記す。それらの資料に接した亮共の小学校教師時代の教え子、布川玲子は、この文書を整理し公開することは、単に亮共の供養にとどまらず、国民的義務であると実感し、伊藤と二人でその作業に取り組んできた。それは、チャンギーが甦るなかで、死刑囚、亮共、遺族の姿や思いと向き合う重い仕事であった。

本書は、「戦争」や「戦犯」や「戦争責任」をめぐる問題を正面から問うものではない。しかし編著者二人にとって身近な存在である亮共を通じて、という視点に徹することにより、かえってそういった大きな課題が身近な問題として意識されるきっかけを提供することができるのではないだろうか。戦後七〇年、国民の戦争体験が遠のいていく一方、世界各地では、戦争、紛争が絶えない。日本でも新たな戦争への道が危惧されている。多くの方々に本書が公開する「明長寺資料」が読まれることを願っている。

なお、本書出版にあたり、日本評論社の高橋耕さんと駒井まどかさんにたいへんご尽力いただいた。厚く感謝申し上げたい。

二〇一七年六月一三日

布川玲子
伊藤京子

［注］

＊1 戦争犯罪について、A級戦犯、BC級戦犯という区別が、一般的にいわれる。日本に対するA級戦犯の裁判は、極東国際軍事裁判（東京裁判）で、「平和に対する罪」が裁かれた。BC級裁判は、「通例の戦争犯罪＝B級戦犯」と「人道に対する罪＝C級戦犯」を対象とし、日本軍が侵攻したアジア各地と横浜で、連合国七か国とソ連によって二二四四件の裁判が行われ、主として「B級戦犯」について問われた。約五七〇〇人の元軍人・軍属が訴追され、最終的に死刑執行を確認された者は、九三四人にのぼる（林博史『BC級戦犯裁判』〔岩波新書、二〇〇五年〕、半藤一利・秦郁彦・保阪正康・井上亮『BC級裁判を読む』〔日経ビジネス人文庫、二〇一五年〕、内海愛子『朝鮮人BC級戦犯の記録』〔岩波現代文庫、二〇一五年〕、横浜弁護士会BC級戦犯横浜裁判調査研究特別委員会『法廷の星条旗——BC級戦犯横浜裁判の記録』〔日本評論社、二〇〇四年〕参照）。

＊2 若松斉『絞首台のひびき』（世界社、一九五二年／開発社、一九七九年／国書刊行会、一九八二年）による。

＊3 巣鴨遺書編纂会編集・発行『世紀の遺書』（一九五三年）（復刻版＝講談社、一九八四年）。

＊4 天台宗恵日山明長寺（川崎市川崎区大師本町）。住職・松田亮寛。

チャンギー刑務所／1945年9月14日撮影

強制収容から解放され、連合軍の陣営へと戻るイギリス人兵士の隊列。現在のチャンギ国際空港からほど近い場所にあったが、2000年に取り壊された。1936年、イギリスによって民間人を収監するために建てられた、当時最新鋭の設備を誇った鉄筋コンクリート造の堅牢な監獄であった。1942年の日本によるシンガポール陥落以降は、日本軍によって収容人数をはるかに上回る数の、女性と子供も含む主に白人の民間人が収監された。1944年になると、日本軍はその民間人を別の収容所に移し、代わりに1万人以上の連合軍捕虜を獄舎内外に詰め込み、不衛生で劣悪な環境下、過酷な処遇を行った。1945年、日本の敗戦に伴って連合軍捕虜は解放され、代わりにアジア各地で連合軍によって戦犯容疑で捕らえられた日本軍の軍人・軍属が、ここに護送され収監された。その数は、1946年4月頃の時点で、証人、参考人を合わせて3000人にのぼったという（参照：大門幸二郎〔元収監者〕著『シンガポール第七軍事法廷』そしえて文庫、1990年)。今度はイギリス軍によって、日本軍収監者に厳しい処遇が行われた。

写真提供：AUSTRALIAN WAR MEMORIAL

目次

教誨師　関口亮共とBC級戦犯

シンガポール・チャンギー刑務所　一九四六―一九四七

はじめに　i

序　章　「手記」と「手紙」の発見……1

第1章　亮共の略歴と人となり……11
1　関口亮共略年譜　13
2　戦地から家族に宛てた手紙　23
3　教師・亮共　30

第2章　チャンギー刑務所に亮共を辿る……39
1　若松斉氏によって描かれた姿　42
◎教誨師・亮共の登場／42

◎処刑に立ち会う亮共／45
◎若松受刑者との対話／46
2　『世紀の遺書』と教誨師・亮共　49
3　亮共筆教誨師面談記録――『印度洋殉難録』より抜粋　58
第3章　「明長寺資料」（その1）チャンギー編……71
1　ノンフィクションエッセー「秋の日」――作者は亮共か　73
2　阿部宏元鉄道第五連隊・中尉の手記　81
3　Pホール（死刑囚房）より生還した受刑者からの便り　94
◎阿部宏氏からの葉書／94
◎洪起聖氏からの書簡／98
◎文泰福氏より巣鴨出所報告の葉書／106
第4章　「明長寺資料」（その2）日本編……111

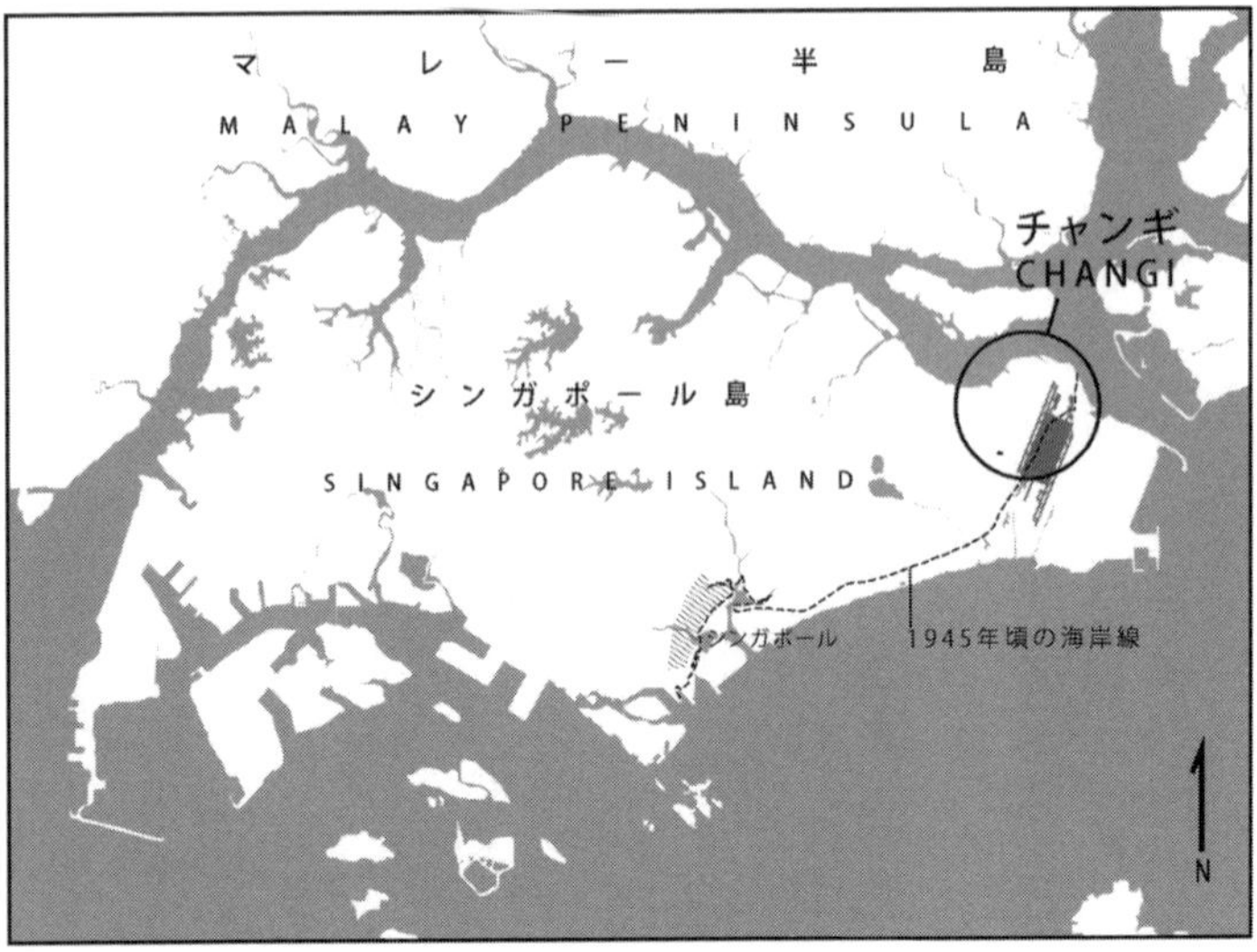

シンガポール島

〈シンガポール島とチャンギー地区〉

島の面積は淡路島くらいの大きさしかないが、その立地からイギリスによってアジア進出の拠点と狙いをさだめられ、1924年に占領統治下に置かれた。原生林が取り巻く3つの丘と湿地から成る東端のチャンギー地区には小さな村がひとつあるのみだったが、兵舎や道など軍事施設が次々と建設されて、英軍の軍事拠点が形成された。

1942年2月、日本が攻め入りシンガポールを占領、昭南島と改名した。イギリスの降伏直後からいくつもの英軍兵舎に英・豪軍を強制収容し、チャンギー地区全体が日本軍によるひとつの大きな捕虜収容所となった。彼らは島内島外各所での強制労働に駆り出された。過酷な労働、飢餓、伝染病の結果、多くの捕虜が亡くなった（参照：Carol Cooper, *THE STORY OF CHANGI*〔COFEPOW - The Children & Families of the Far East Prisoners of Warのウェブサイトに掲載〕）。

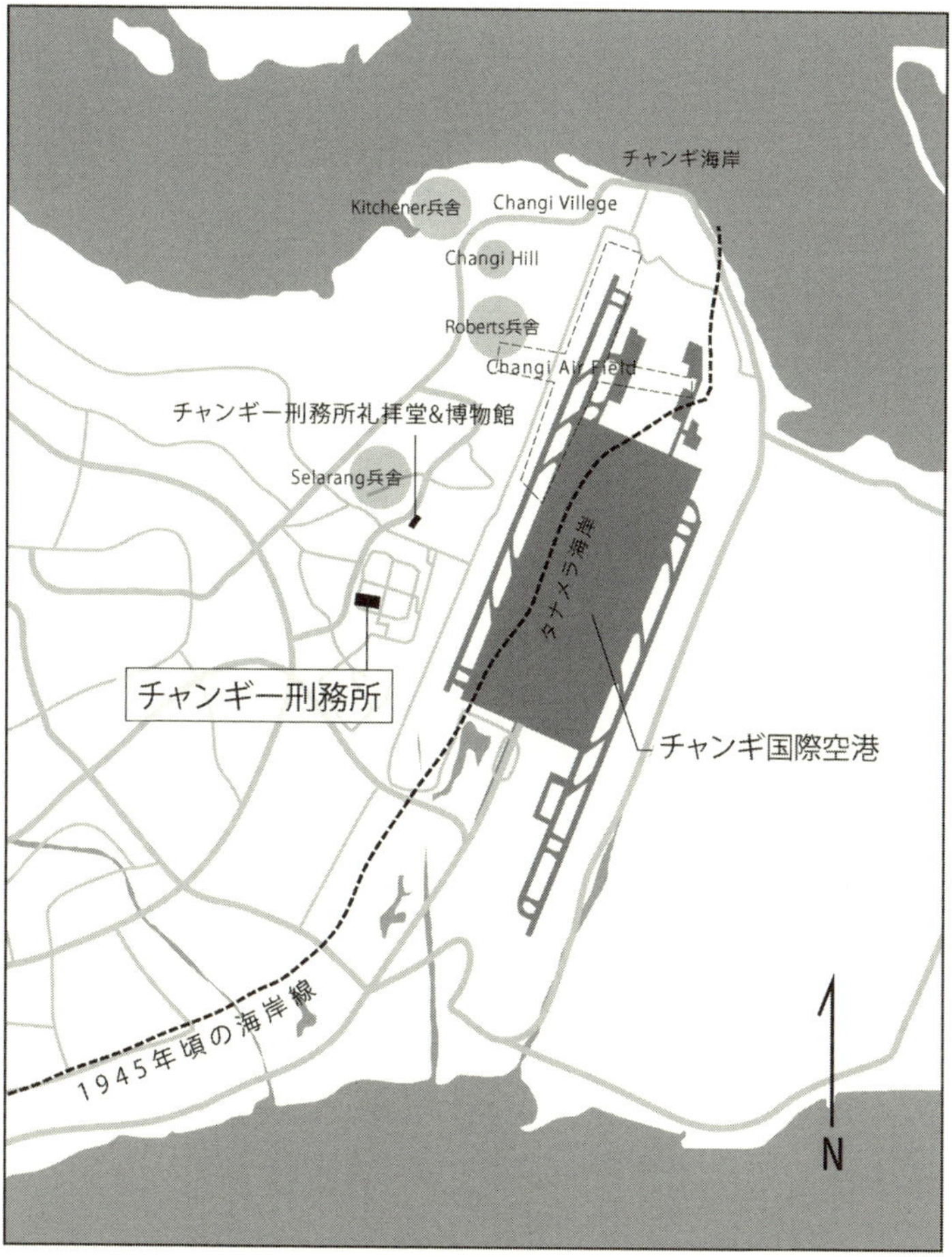
チャンギ海岸
Kitchener兵舎
Changi Villege
Changi Hill
Roberts兵舎
Changi Air Field
チャンギー刑務所礼拝堂&博物館
Selarang兵舎
タナメラ海岸
チャンギー刑務所
チャンギ国際空港
1945年頃の海岸線
N

チャンギー地区

チャンギー刑務所／W. Brindle, 1952年撮影

チャンギー刑務所を北西から見下ろす。丸で示したロの字型の建物がPホール（Pブロック）。1946年から1947年まで日本軍戦犯死刑囚を収容する死刑囚房として使われた。手前に看守官舎が並ぶ。奥に見えるのは島の東の海。その浜辺の各所で1942年、日本軍によるシンガポール華僑の大量虐殺が行われた。刑務所から1.5kmほどしか離れていないタナメラ海岸もそのひとつであり、現在は埋め立てられてチャンギ国際空港のターミナルとなっている。

写真提供：NATIONAL ARCHIVES OF AUSTRALIA

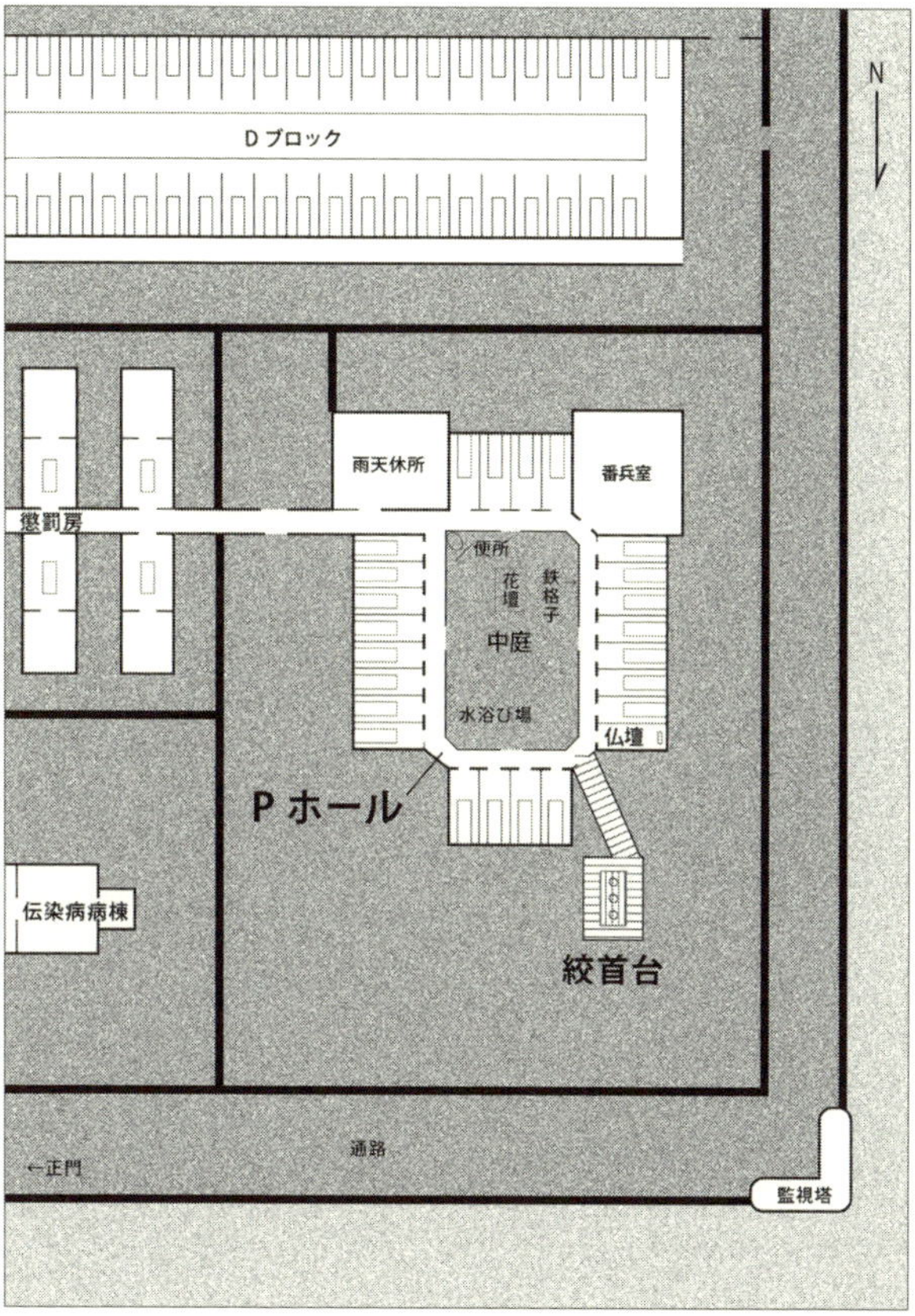

Pホールと絞首台／参考資料をもとに伊藤京子が作成

〈参考資料〉

・イギリス民間人H. E. Mackenzieが収監中に作成したチャンギー刑務所の図面。『THE ILLUSTRATED LONDON NEWS』1945年10月27日付掲載。The British NEWSPAPER Archiveで閲覧可能。
・河村参郎（1947年に刑死）著『十三階段を上る』（亜東書房、1952年）。

序章

「手記」と「手紙」の発見

[扉写真]

明長寺本堂／伊藤京子 撮影

恵日山普門院明長寺は、文明年間（1469-1487）創建と伝えられる。現在の本堂は、1669（寛文9）年の落雷による焼失後、1782（天明2）年に第七世住職良逢によって再建された。本堂正面奥の本尊の左手に見えるのが、「明長寺資料」が納められていた毘沙門天の須弥壇。

明長寺本堂の本尊に向かって左、毘沙門天像が立っている須弥壇《しゅみだん》の内部は、奥行き一メートルほどの大きな収納庫になっていて、さまざまなもので埋まっており、すべてに埃が分厚く積もっていた。二〇一五（平成二七）年の春、私（編著者伊藤）は長年手つかずだったその場所を整理しようと思い立ち、懐中電灯を片手に中のものを引っ張り出す作業を始めた。

作業を進めるうちに、湿気たお香やロウソクのストック、錆びたり欠けたりした仏具、新聞紙に包まれた掛け軸十数幅などとともに、大きめの菓子箱のようなものが三箱出てきた。

蓋を開けてみると、先々代住職である関口亮共（私の祖父）にまつわる戦争の「資料」がぎっしりと入っていた。その内容は、寄せ書きで埋められた武運長久祈願の日の丸、終戦間近の各地の戦局を報じる新聞、亮共らの持ち帰った戦犯刑死者の遺書が巣鴨プリズンで編纂されることを報じる新聞、日本軍や英軍からの亮共宛て書類、補充兵手帳、朝鮮人軍属（通訳）趙文相《チョウムンサン》の手記のガリ版刷りの表紙、そして一〇〇通を超える手紙や葉書やぼろぼろになった手記などだった。

掛け軸などを包んでいた新聞紙が一九六五（昭和四〇）年の日付だったことから、当時の住職であった亮共がさまざまなものを須弥壇の中に収納したものと思われる。その後亮共は、一九八二

「明長寺資料」が納められていた毘沙門天の須弥壇

（昭和五七）年に六九歳で亡くなり、亮共の次女である私の母、松田未亮が住職を継いだが、未亮も二〇〇四（平成一六）年、これらの「資料」を発見することなく亡くなってしまった。そのようなわけで、二〇一五（平成二七）年のこの発見は、私が一歳のときに亡くなったためまったく記憶がない祖父にはじめて出会ったような、懐かしく興味深いものであった。

しかしそのなかに、単に遺品として暗い収納庫に戻してはならないと思われる資料を見つけた。それは亮共が教誨師として担当した元ＢＣ級戦犯死刑囚が書き残した「手記」や、亮共が絞首台での最期を見届けた刑死者の遺族からの「手紙」などである。

「手記」に署名された「阿部宏」という名前はすぐにわかった。以前、氏による手記を読んでいたからだ。それはチャンギー刑務所で九名の仲間が処刑される模様を記録したもので、教誨師・亮共が登場する場面もあってたいへん心に残っていた。今回発見した手記も、同じ九名の処刑の記録であるが、以前読んだ手記よりもさらに緊迫した心境が伝わってくるものだった。これはおそらく、阿部氏自身が減刑を受ける前、いつ死刑が執行されるかわからない状況で書かれたものだからであろう。死の恐怖に苛まれながらも、目の前で次々と処刑される仲間たちの気持ちや様子を記録して遺さねばならないという執念で書かれた実況記録であった。この手記は本書第３章に収録した。

チャンギー刑務所の絞首台は、死刑囚の暮らす「Pホール」と呼ばれた獄舎の角の扉から延びる、たった一〇メートルほどのスロープを上がった先にあったので、執行される人の絶命の瞬間までの声や音が、他の死刑囚たちに筒抜け、という残酷な状況だったという。そしてこの手記の最後は、仲間の往生を祈って「願以此功徳　平等施一切　同発菩提心　往生安楽国」（回向文《えこうもん》）で締められる。こんな状況で祖父は働いていたのか、と驚いた。終戦までは自分と同じように軍隊で働き職務を全うした挙句、処刑されることになってしまった方々に、僧侶としての経験も浅いであろう三三歳の亮共はどんな言葉をかけ、どんな気持ちでお経を読んだのだろうか。

この阿部手記のほかにもうひとつ、手に取っただけでほろほろと千切れてしまうくらい変質した紙に書かれた執筆者不明の草稿が見つかった。これは後ほど、亮共の筆になるものと推定されることになる。この草稿も本書第3章に収録した。

そして三三通の「手紙」と「葉書」である。これらはチャンギー刑務所で処刑された軍人・軍属の遺族の方々から教誨師・亮共に送られた礼状であったが、一つひとつ読んでいくと、どれも礼状にはとどまらないものだった。息子、夫、兄弟あるいは父が、「お國のために」と出征して以来、長いあいだ無事を祈りながら帰りを待っていたら、ある日、犯罪人として遠いシンガポールで処刑されたとの報せを受け、そのまま二度と会えなくなってしまったという方々からの書簡だった。せめて最後の数ヶ月の様子を聞きたいという思いもあって、死の直前まで教誨師として故人の顔を見、声を聞いていた亮共に、お便りをくださったのだろう。亮共は、この遺族の思いをどのように受けとめたのだろうか。これら書簡類は本書第4章に収録した。

ほかにも、減刑され死刑を免れた朝鮮人BC級戦犯である洪起聖《ホンギソン》氏と文泰福《ムンテボク》氏が、帰還した亮共に送った手紙と葉書が見つかった（これらは本書第3章に収録）。朝鮮人BC級戦犯に関連して気づいたことは、亮共がかかわった刑死者のなかには、趙文相《チョウムンサン》氏をはじめ朝鮮出身の軍属が多く含まれるにもかかわらず、このたび発見した遺族からの手紙のなかに、彼らの遺族からのものが一通もないという事実である。彼らの遺書ははたして、朝鮮で待つ家族のもとに届いたのだろうか——。

今回、祖父のチャンギー資料を繙《ひもと》いた結果、その背景には、「不条理な」、「残虐な」、「酷い」としかいいようのない、戦争に伴う事象が延々と広がっていることを知り、また、それらは現在も世界で起きていることだと痛感し、考え続けるべき重い課題が祖父・亮共から託されることとなった。処刑二分前に、「この世よ　幸あれ！」という言葉で手記を締めくくり、二六歳の若さで絞首台に上った趙文相《チョウムンサン》氏のメッセージを胸に刻み、伝えていきたい。

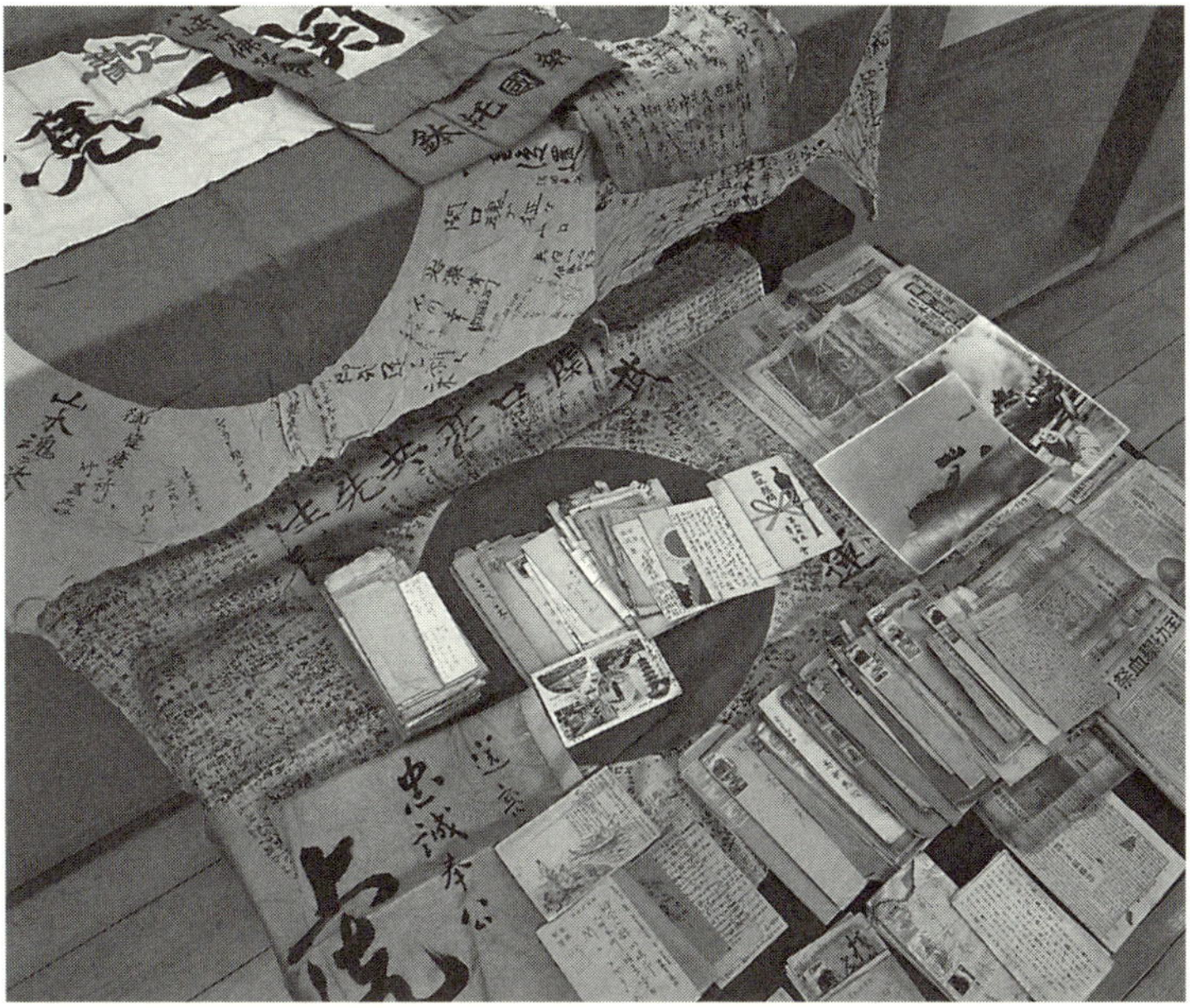

明長寺本堂で発見された戦争関連の資料／布川洋平 撮影
（以下、資料関係の写真はすべて布川洋平の撮影による）

第1章

亮共の略歴と人となり

［扉写真］

明長寺執務室にて塔婆を書いている亮共。50代半ば。

本章では、関口亮共の略年譜を中心に、戦地からの家族宛て手紙と教え子が語る帰還後の教師時代の思い出によって、亮共の人となりの一端に触れておきたい。

1　関口亮共略年譜

亮共は、一九一三（大正二）年、現在の川崎市川崎区に生まれ、一九八二（昭和五七）年、六九歳でこの世を去っている。一九三七（昭和一二）年と一九四三（昭和一八）年の二度の応召を挟んで、僧侶として、また教育者として生きた。その生涯を次頁の略年譜にまとめた。

亮共の軍歴については、「明長寺資料」に入っていた第七方面軍参謀長が証明した履歴書に拠っている。なお、年譜で〔　〕内に記載されているのは関連事項である。

◎関口亮共略年譜（一九一三—一九八二）

一九一三（大正2）年2月1日　神奈川県橘樹郡大師河原村（現在の川崎区大師本町）に、明長寺一五世住職・寛文の三男として生まれる。

一九二九（昭和4）年6月4日（16歳）浅草寺住職・大森亮順を戒師として得度受戒。

一九三三（昭和8）年8月（20歳）浅草寺において修行を満業、僧侶となる。

一九三六（昭和11）年3月（23歳）大正大学仏教学部仏教学科（天台学専攻）卒業。

4月　川崎市大島尋常小学校代用教員となる。

一九三七（昭和12）年10月（24歳）兵役召集（近衛師団第一二陸上輸卆隊）。

11月　第二次上海事変に出征、杭州湾上陸作戦に従軍。

一九三九（昭和14）年10月（26歳）帰還、召集解除。

一九四〇（昭和15）年4月（27歳）大島尋常小学校教員となる。

11月　千代子と結婚。

一九四二（昭和17）年4月（29歳）川崎市大師国民学校教員となる。

7月　長女・寛子誕生。

一九四三（昭和18）年6月12日（30歳）臨時召集により東部第一〇部隊に応召、第一一野戦郵便隊に編入。

9月1日　仏領インドシナおよびマライ方面作戦に従軍のため、門司港出帆。
9月25日　シンガポール港上陸。
一九四四（昭和19）年12月1日（31歳）　陸軍兵長となる。
一九四五（昭和20）年3月13日（32歳）　第七方面軍司令部に転入。
8月15日　〔終戦〕
12月1日　陸軍伍長となる。
一九四六（昭和21）年3月11日（33歳）　〔チャンギー刑務所に於いて最初の処刑が執行〕
5月頃　チャンギー刑務所にて、教誨師の任務に就く。
7月頃　〔前任の教誨師・松浦覚了、帰還〕
11月22日　〔阿部手記の九名処刑〕
一九四七（昭和22）年1月　〔後任の教誨師・田中日淳、業務引き継ぎのため、チャンギー刑務所を訪れる〕
2月25日（34歳）　〔趙文相《チョウムンサン》ら、一〇名処刑〕
3月25日　教誨師の任務を終え、シンガポールを出港。
4月9日　帰還（呉港上陸）。
6月　川崎市立大師小学校教諭に復帰。

〔後任の教誨師として、佐山學順、安達本識、日本から派遣される〕
8月　〔田中日淳、帰還〕
9月16日　〔チャンギー刑務所に於ける最後の処刑が執行される〕
一九四八（昭和23）年6月（35歳）　次女・文子（第一七世住職、法名未亮）誕生。
一九五三（昭和28）年4月（40歳）　川崎市立四谷小学校副校長となる。
一九五六（昭和31）年4月（43歳）　明長寺一六世住職となる。
一九五九（昭和34）年3月（46歳）　四谷小学校を退職。
一九六〇（昭和35）年2月28日（47歳）　〔父・寛文、遷化《せんげ》〕
一九八二（昭和57）年2月20日（69歳）　がんのため、数年間の闘病を経て遷化。
一九八三（昭和58）年4月　〔元戦犯の方々によって「シンガポール　チャンギー殉難者慰霊碑」が建立される〕
一九八八（昭和63）年2月　〔阿部宏氏と若松斉氏、チャンギー殉難者第七回慰霊法要に際し、亮共らを称える碑誌の彫刻を伝えるため、明長寺訪問〕
一九九四（平成6）年2月　〔亮共一三回忌法要に阿部宏氏が参列〕

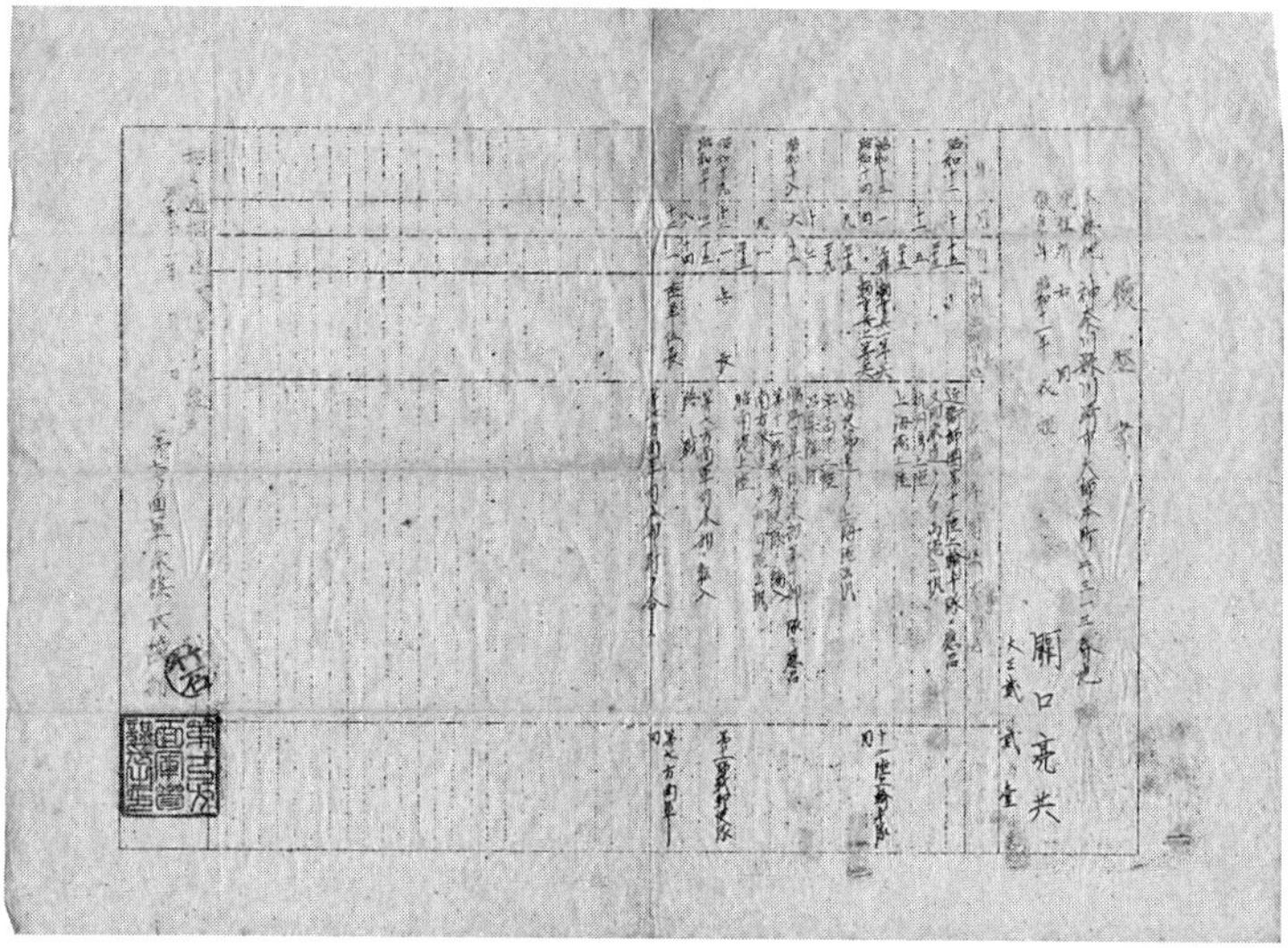

第七方面軍参謀長が証明した履歴書

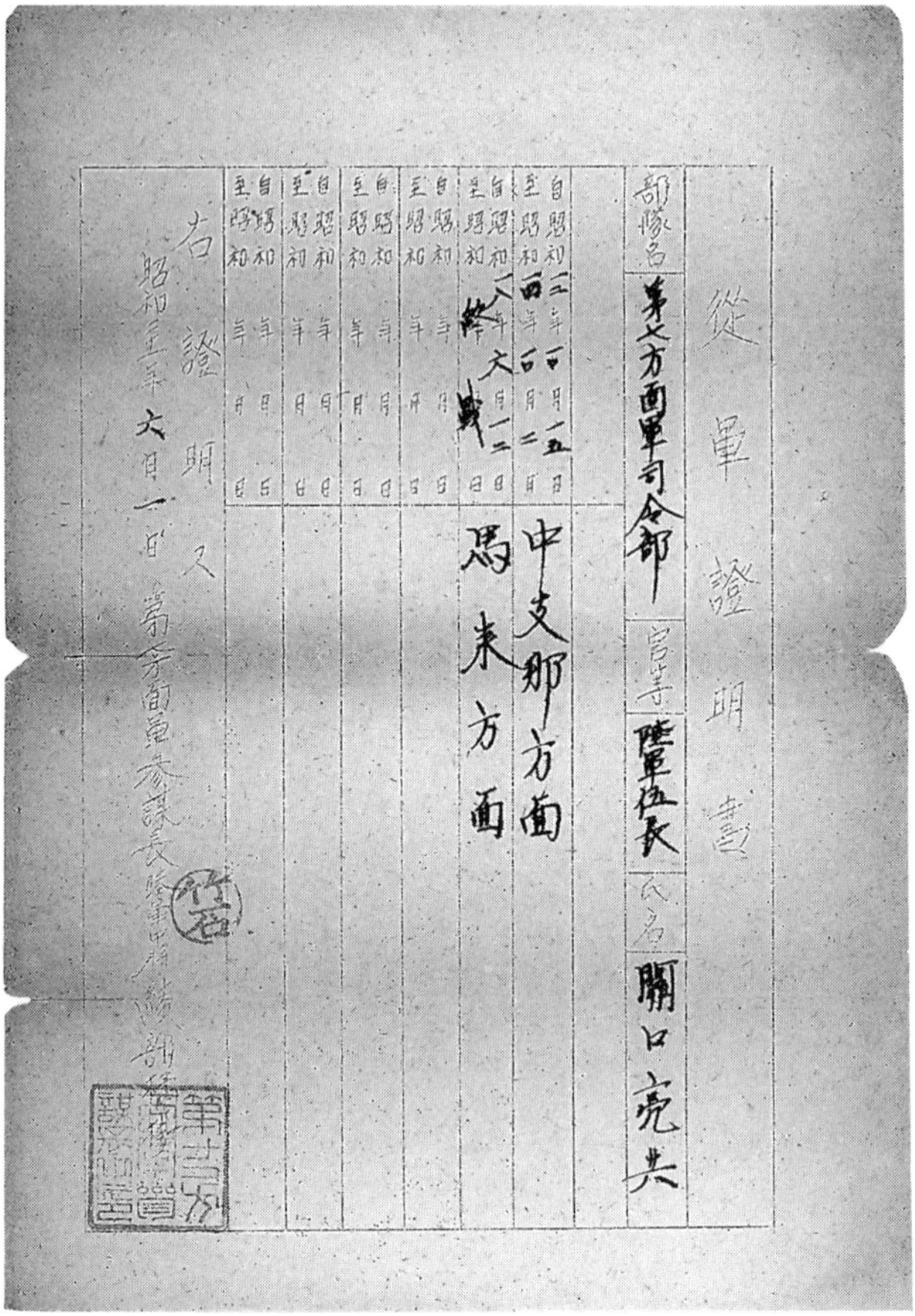
従軍証明書
部隊名 第七方面軍司令部
官等 陸軍伍長
氏名 関口亮共
自昭和一二年一一月一五日 至昭和一四年一〇月二日 中支那方面
自昭和一八年六月一二日 至昭和終戦 馬来方面
自昭和 年 月 日 至昭和 年 月 日
自昭和 年 月 日 至昭和 年 月 日
自昭和 年 月 日 至昭和 年 月 日
自昭和 年 月 日 至昭和 年 月 日
右証明ス
昭和二三年六月一日 第七方面軍参謀長陸軍中将綾部橘樹

第七方面軍参謀長が発行した従軍証明書

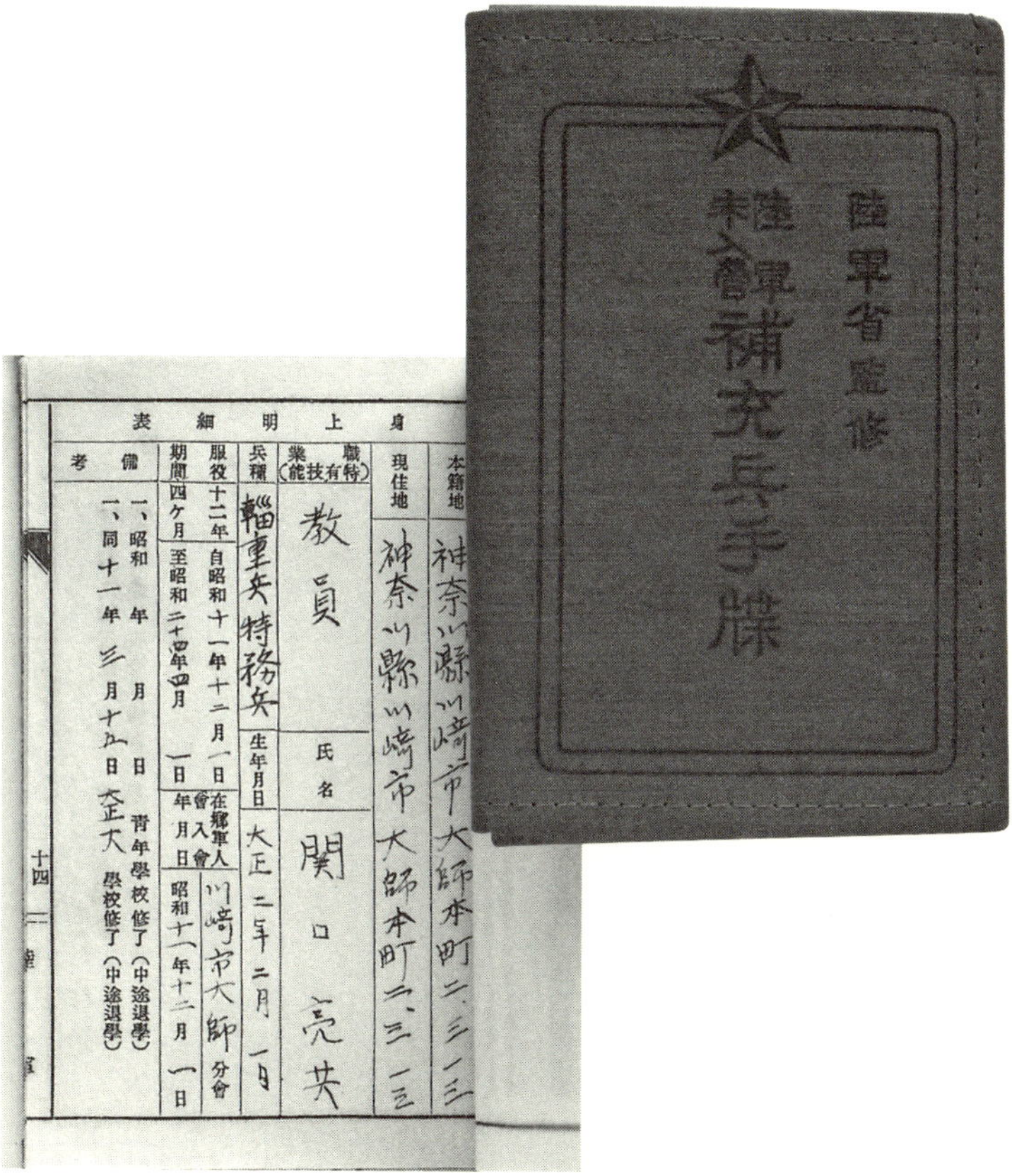

陸軍が発行した補充兵手帳

シンガポールチャンギー殉難者慰霊碑
池上本門寺照栄院妙見堂境内

慰霊碑側面に彫刻された碑誌

碑　誌

元英領シンガポールチャンギー獄
戦犯殉難者のうち数多の人々が
刑死されるまでの間　川崎市明長
寺故関口亮共師　池上照栄院田中
本隆師による獄内挺身教化に浴し
従容として死に就かれた
又殉難者が此の地に安息の場を
得ることができたのは　往時の
田中本隆師即ち　現大本山本門寺
第八十一世田中日淳上人の廣大な
御仁慈によるものである
第七回慰霊法要に当り両上人の
御高徳を永之に称える為茲に追誌
すること如斯
平成元年四月

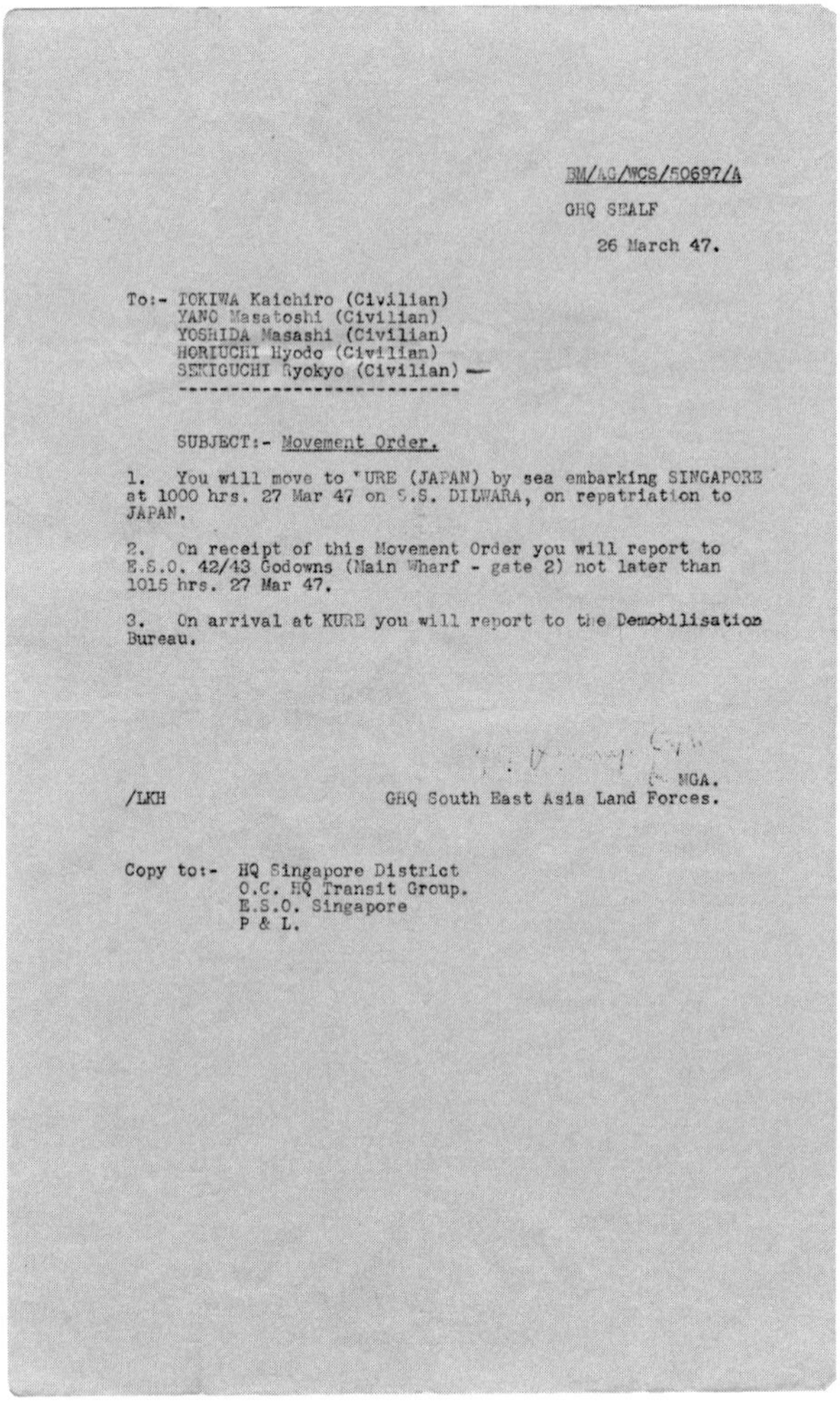

BM/AG/WCS/50697/A

GHQ SEALF

26 March 47.

To:- TOKIWA Kaichiro (Civilian)
YANO Masatoshi (Civilian)
YOSHIDA Masashi (Civilian)
HORIUCHI Hyodo (Civilian)
SEKIGUCHI Ryokyo (Civilian)

SUBJECT:- Movement Order.

1. You will move to KURE (JAPAN) by sea embarking SINGAPORE at 1000 hrs. 27 Mar 47 on S.S. DILWARA, on repatriation to JAPAN.

2. On receipt of this Movement Order you will report to E.S.O. 42/43 Godowns (Main Wharf - gate 2) not later than 1015 hrs. 27 Mar 47.

3. On arrival at KURE you will report to the Demobilisation Bureau.

MGA.
/LKH GHQ South East Asia Land Forces.

Copy to:- HQ Singapore District
O.C. HQ Transit Group.
E.S.O. Singapore
P & L.

シンガポールから日本への帰還に際して東南アジア陸軍最高司令部が発行した「移動命令書」

2　戦地から家族に宛てた手紙

亮共は一九三七（昭和一二）年の出征以来、戦地から家族宛てにこまめに便りを出している。そのうち一九四六（昭和二一）年五月ごろから一九四七（昭和二二）年三月までのチャンギー刑務所での教誨師在任中に出した五通のうち、三通を紹介する。なお、文字表記は原則として原文のままとしたが、適宜句読点とルビを加えたほか、［　］内に引用者による注ないし補足を付した。

父・寛文《かんぶん》宛ての葉書：一九四六（昭和二一）年五月ごろか

皆々様御無事の由、唯々うれしく明長寺の存在苉びの極みです。千代子［妻］齋《ひとし》［上の弟］よりの一月と三月の葉書受取りました。僧正［父］の健在なるを察せられました。はなれ物置が焼けたとか色々想像して居ります。親類、家庭の様子はどうですか。何回となく同じ様なものを出して下さい。私は今教誨師の仕事を命ぜられ尊い經驗を續けて居ります。すべての日本人が望郷の念にかられてゐる様に私も実に一日も早くと思って居りますが、五万の作業隊其他と、今年末迄は一寸むづかしいです。

皆元気で生き抜いて下さい。私も非常に健在です。戦友がたづねるかも知れません。

シンガポール渉外部　関口亮共

父・寛文宛ての手紙：一九四六（昭和二一）年七月一四日

毎日元氣で「シンガポール」「チャンギー」刑務所へ通って居ります。國難に殉ずる人々に安心と喜びを與へる尊い仕事に奉仕して居ります。

十二月迄には必ずお目にかかります。衣食住にはことかきませんから安心して下さい。そちらの食糧事情が心配でなりません。お父さん母さん初め一同無事なる由、千代子と斉の葉書を貰って安心して居ります。詳細が知りたいです。だん〱欲が出［て］来てすべてを知りたくなります。中兄の一家どうなってゐるでせう。斉も出来るだけ家に居て欲しい。古江の皆さん

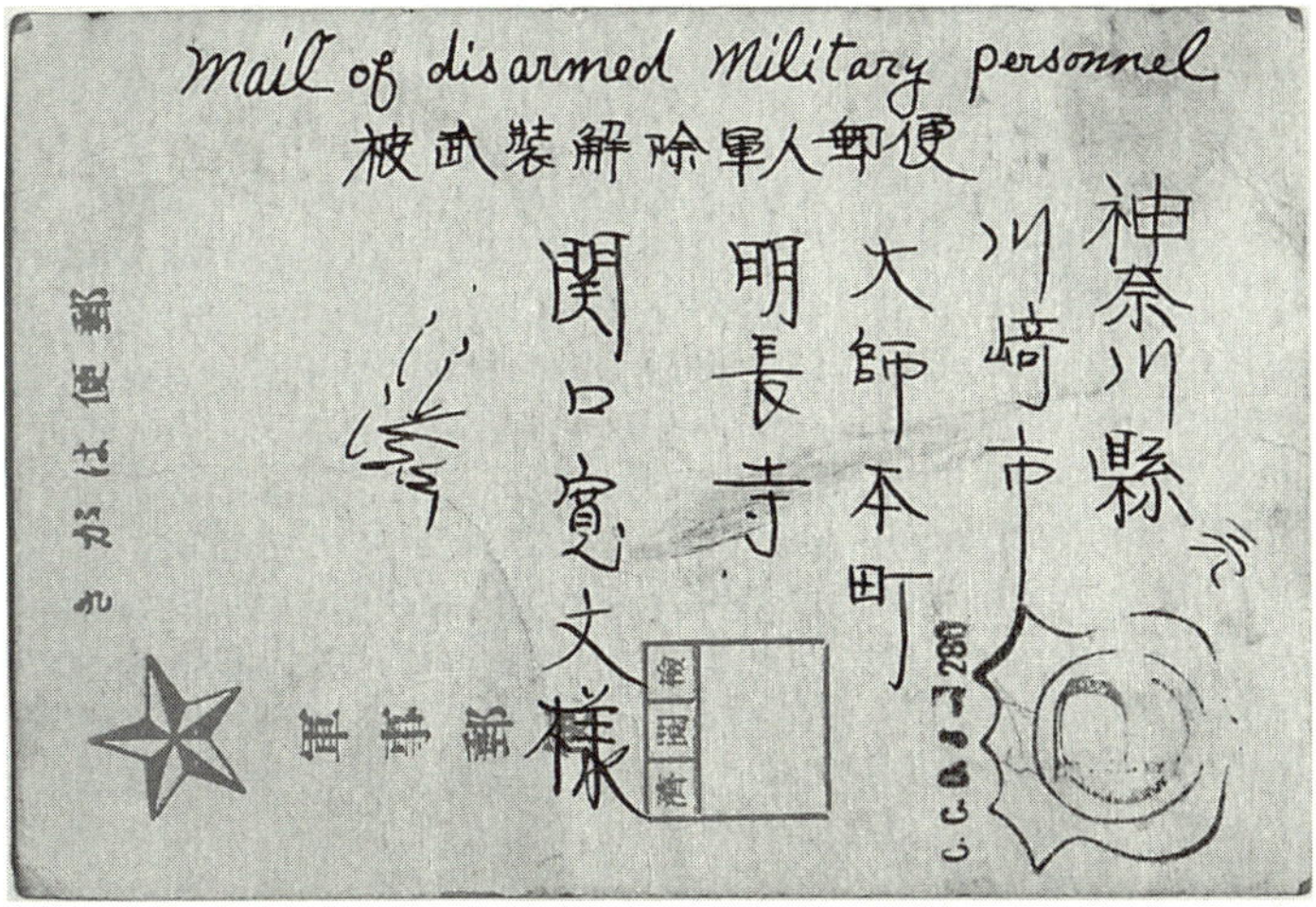

Mail of disarmed Military personnel
被武装解除軍人郵便

神奈川縣川崎市大師本町
明長寺
関口寛文様

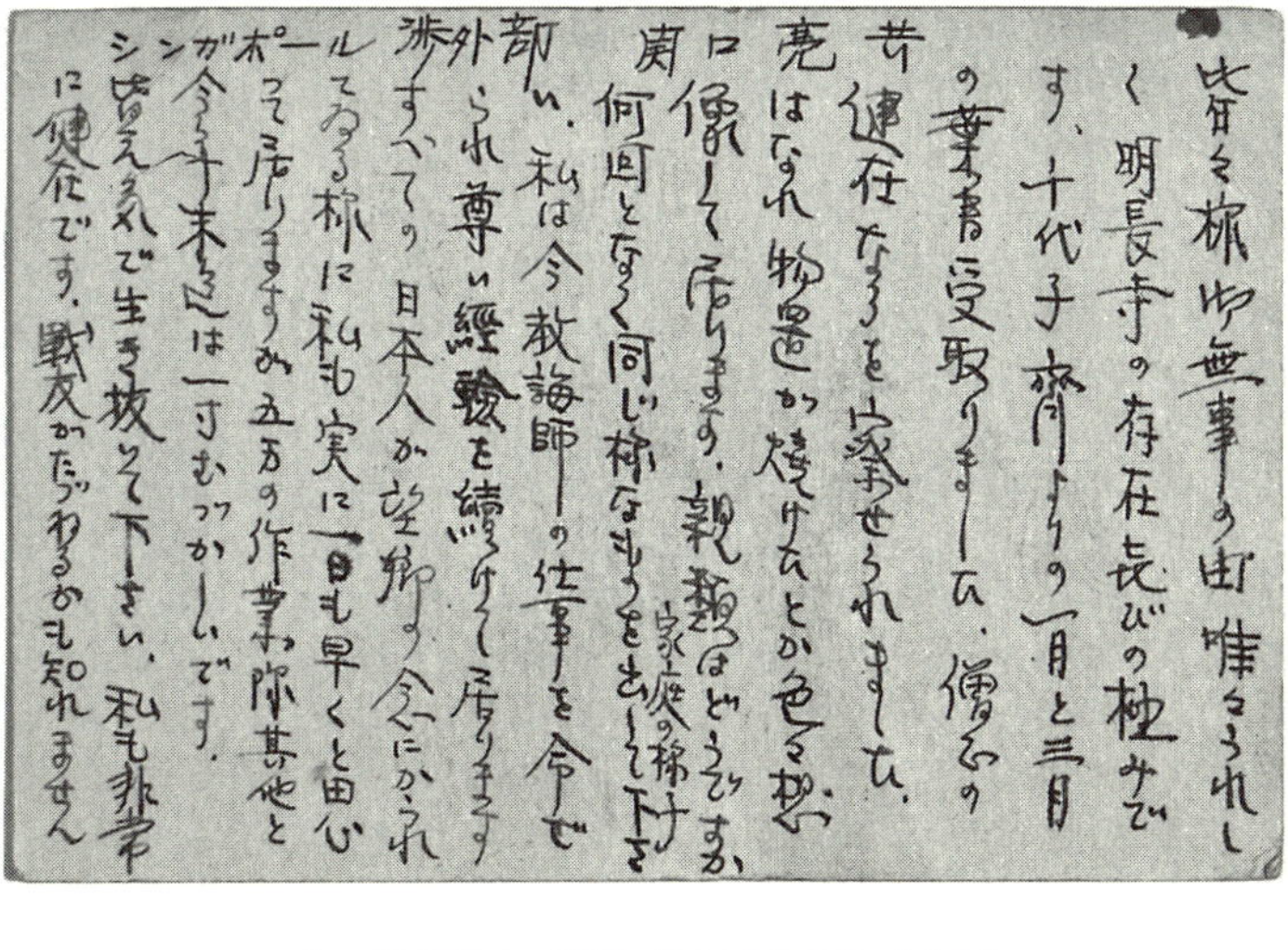

シンガポール渉外部 関口亮共

皆々様御無事の由唯々うれしく明長寺の存在喜びの極みです、十代子齊より一月と三月の葉書受取りました、僧侶の健在なるを察せられました、はなれ物置が焼けたとか色々想像して居ります、親類はどうですか何回となく同じ様なもの家族の様子を書いて下さい、私は今教誨師の仕事を命でられ尊い経験を続けて居ります すべての日本人が望郷の念にかられてゐる様に私も実に一日も早くと田心って居りますが五万の作業隊其他と今の手紙は一寸むつかしいです。皆元気で生き抜いて下さい、私も非常に健在です、戦友がたづねるかも知れません

父・寛文宛ての葉書（1946年5月ごろか）

も集ったらどうでせう。この手紙は大正大学のもと教授ブリンクレイ英軍少佐によって届けて貰ひます。日本語のよく分る、お母さんが日本人で浅草の人で僧正もよく会ってゐる人です。塩浜の和泉文𨪙さんの息子さんももう帰ったでせう。訪ねてくれる人もありませうから私の生活の一端を聞いて下さい。どうか一生懸命努力して生活して下さい。私も出来だけ早く帰る考へです。御機嫌よくお暮し下さい。一週間もたつとお手許に届く事でせう。

千代子、御苦労ですが今漸く私の分まで御孝養をつくして下さい。色々楽しみを夢に画いて帰って行きます。頭髪もうすくなって僧正に似て来ました。吃驚《びっくり》しない様前もってことわっておきます。呵々

斉、元気よく留守をたのむ。家中集って元気でやらう。よき生活の設計をたて丶くれ。

和夫［下の弟］、元気であらうね。しっかり勉強して荒波をのりきる覚悟を要す。

関口亮共

七月十四日

関口寛文様

どんなお盆でせう

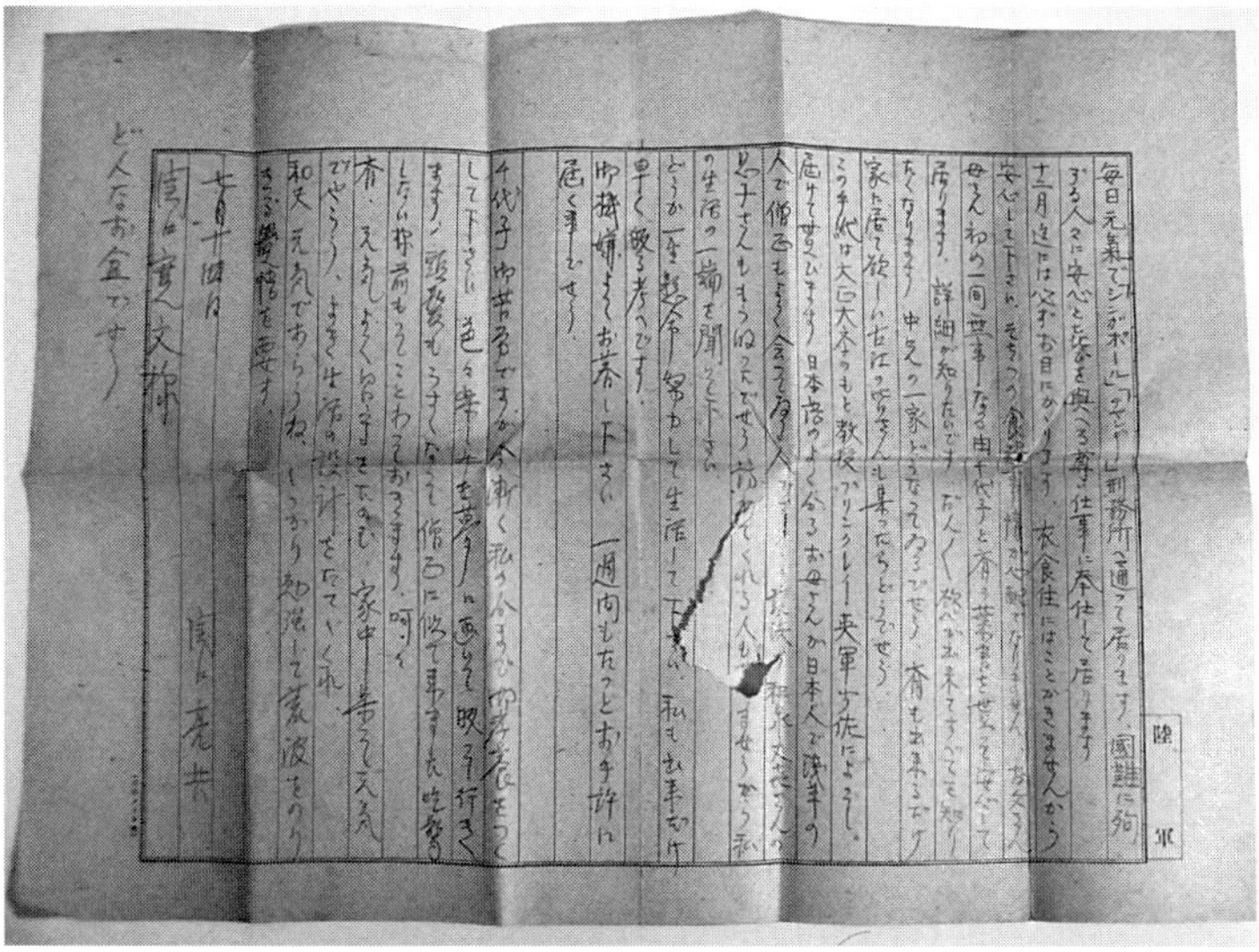

毎日元気で「シンガポール」「チャンギー」刑務所へ通って居ります。國難に殉
ずる人々に安心と慰安を与へる尊い仕事に奉仕して居ります
十二月迄には必ずお目にかかります。衣食住にはことかきませんから
安心して下さい。それから食料[illegible]心配せなりません。お父さん
母さんわの一同無事なる由千代子と斉子が苦勞をせずに安心して
居ります。詳細が知りたいです。なんく飲み出来ますでせうか知り
たくなりました。中尾の一家はどうなったでせう。斉もお手すのか
家に居て欲しい。古江の姉さんも来たらどうでせう
この手紙は大西大佐のもと教授がプリンクレー英軍少佐によって
届けてもらひます。日本語のよく分るお母さんが日本人で後年の
人で僧正もよく会って居る人かね。[illegible]
息子さんももうねえでせう[illegible]くれる人も[illegible]
の生活の一端を聞いて下さい
どうか一生懸命努力して生活して下さい。私もお手紙を
早く暖る考へです。
御持婦よくお茶して下さい　一週間もたつとお手許に
届くまでです。

千代子御苦労ですが今暫く私の分まで努力をつくして下さい。色々苦しい事も夢うつつに通りて暖る行き
ますが、暖分もうまくなって作品に励んで居ます
したいお前もうこと知っておるます。呵々
斉、元気よくなるまでたのむ。家中揃って元気
でせう、よき生活の設計をたてて下され
和夫元気であらうね、しっかり勉強して荒波をのり
きる覚悟を要す。

七月十四日

寛文殿　　亮共

どんなお金ですか

父・寛文宛ての書簡（1946年7月14日付）

妻・千代子宛ての葉書：一九四六（昭和二一）年八月二二日

皆様お元気ですか、すべてが御不自由でお暮しにくい事でせう。あれを思ひこれを考ふる時に一日も早く飛んで行きたい。しかし現実はさうやさしく許してはくれない。人生どこまでも棘の道でお互に苦を楽とする敬虔な気持で、たとへ離れていても充分にみちたりた生き方をして、日々勉強して行きませう。信なき心は不幸を作る基です。やさしきたよりを胸に秘めて、日々強く生きて行きます。今の私は國のために死んで行く人々の事を考へなければならないのです。でも機会があったならば一日も早く帰ります。どうかもう暫くの間御孝養第一に努めて下さい。そして躰に気をつけて暮して下さる様。現在五月二十六日附の葉書迄貰って居ります。亀戸［妻の実家］の皆様　満州の兄［二番目の兄］の状況心にかゝります。寛子［長女、当時四歳］によろしく。木村安子さんにも。

八月二十二日

シンガポール渉外部　関口亮共

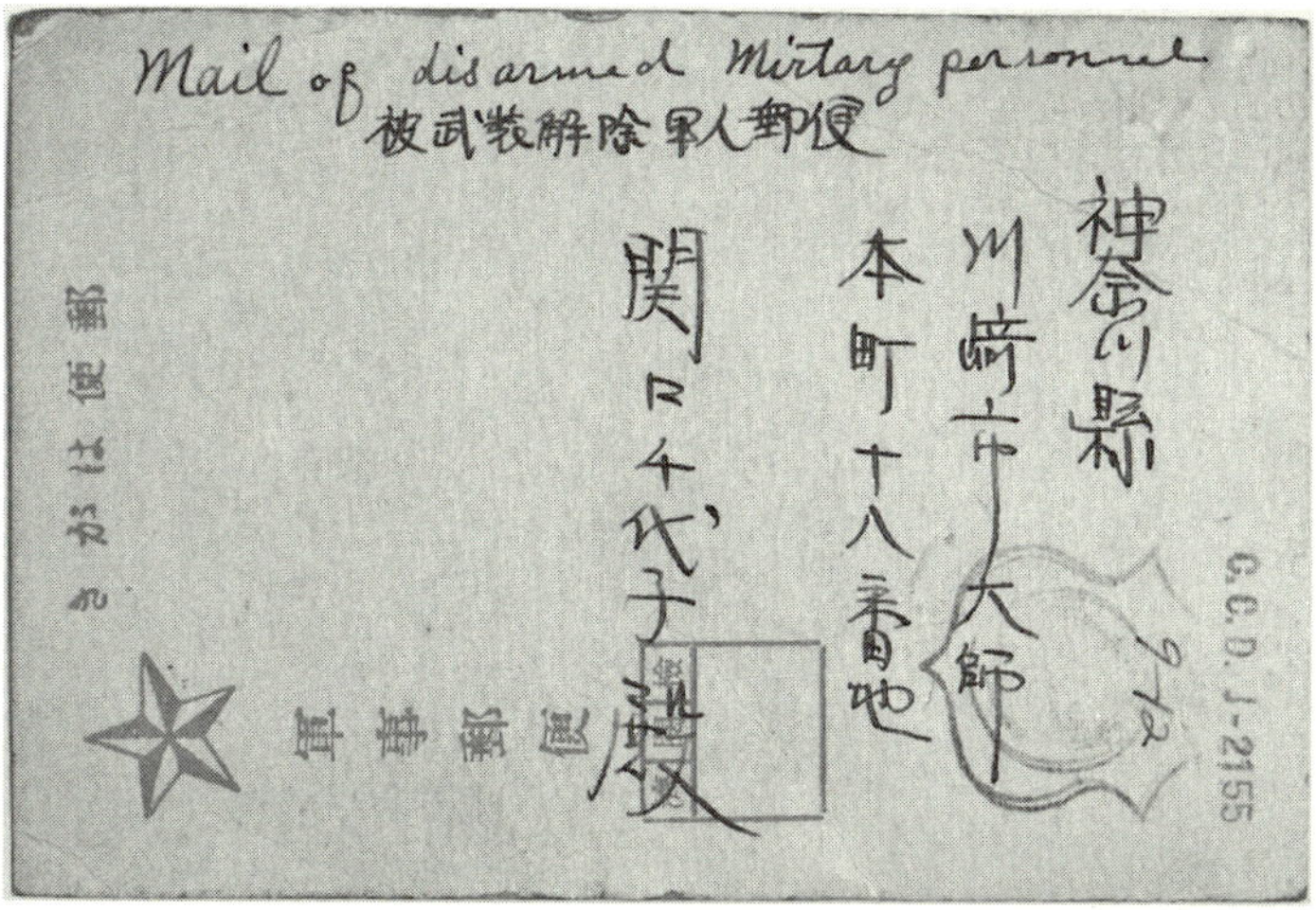

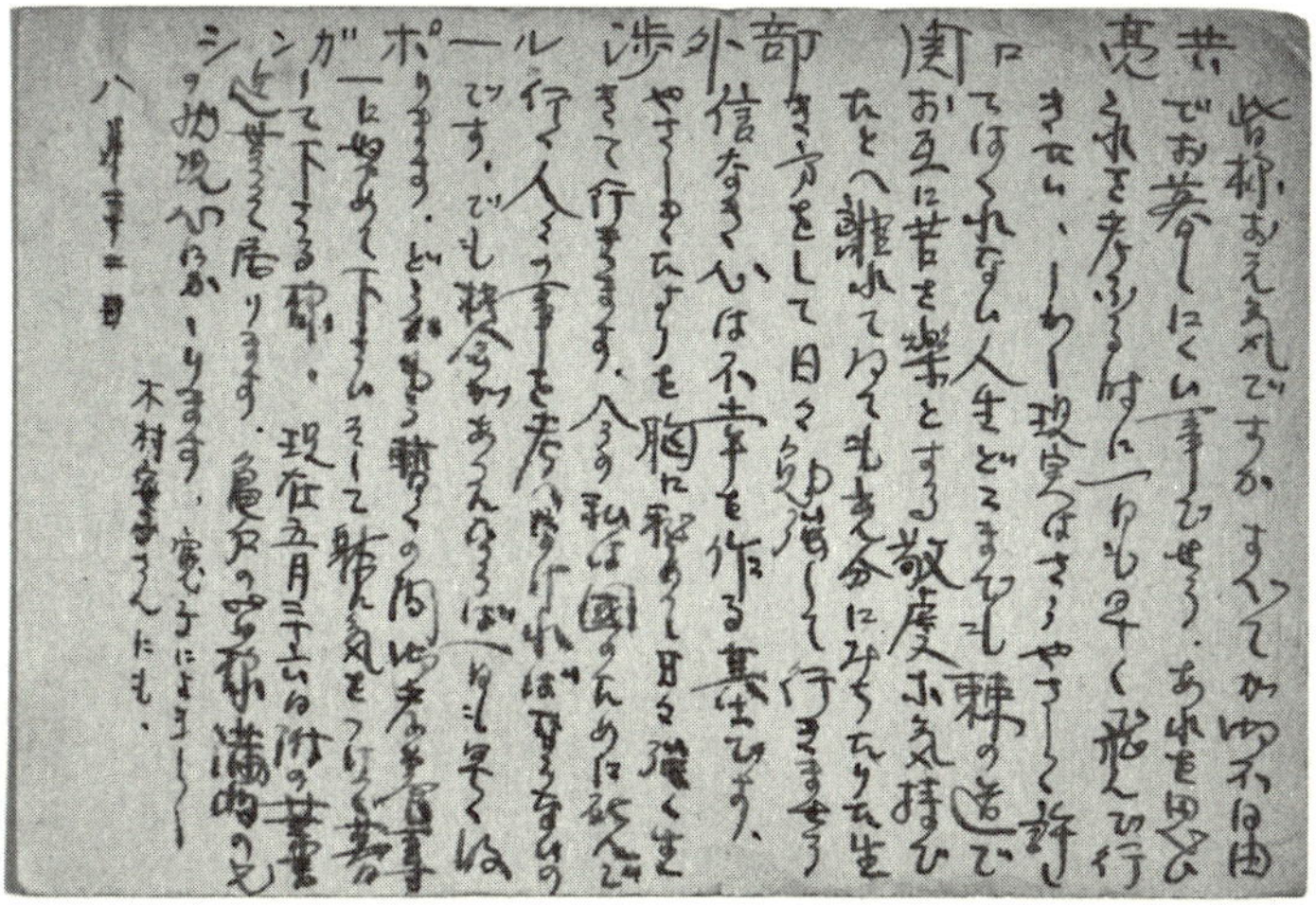

妻・千代子宛ての葉書（1946年8月22日付）

3　教師・亮共

編著者布川にとって、明長寺は先祖の菩提寺なので、祖母に連れられての墓参り、施餓鬼会《せがきえ》など幼少時から親しんでいるが、亮共先生に直接接するようになったのは、三年生の五月、大師小学校から新設された四谷小学校に移って以後のことである。以来、三〇年余り、親身に心にかけていただいた。先生が亡くなられてからも、千代子夫人はじめご家族のみなさんといろいろなご縁もあり、親しいおつきあいが続いている。

亮共先生が教誨師をされていたことは、小学校時代にどこかで聞いた気がするが、直接具体的なお話をうかがったことはない。四年生ごろだろうか、授業で副校長である亮共先生から特別に「戦争の話」を聞く機会があった。先生はなにかお話ししたかったのかもしれない。男の子たちが、日本軍の勇ましい話をせがんでいたことを覚えている。それもあってか、これは二回で終わってしまった。今回、はからずも教誨師亮共の姿をチャンギー刑務所に辿ることになり、まざまざと先生の姿が浮かび、そのご苦労を思い、ただ瞑目するばかりである。

以下、布川の二年先輩の石渡勇雄氏の思い出に拠って、教師・亮共の姿を再現しておきたい。

一九四七（昭和二二）年三月に帰還した亮共は、川崎市立大師小学校に復職する。石渡勇雄氏（一九四二―　）は、二、三年生当時の思い出を次のように記している（クラス会のために作成した石渡手記「反戦の教え」〔二〇〇〇年〕）。

「当時母艦水雷という鬼ごっこのようなゲームがはやった。このゲームの中心になっていたのが、明長寺の関口先生だった。先生は、明るく高学年も低学年も関係なく積極的に子供たちの中に飛び込んでいた。……〔しかし〕普段あんなに明るくやさしい先生なのにひょっとした時、人の心も凍らせるような厳しい眼差しをされることがあった。大人になってから戦争体験者と話をする機会があったが、その中の何人かの人たちの瞳の奥に冷たく光るものがあることを知った。関口先生もある意味で戦争の重い枷をつけて歩まれていたのだろうか」。

ここには、復員後、三、四年後の亮共の姿が、子どもの目に鋭くとらえられている。

また石渡氏は、次のような思い出も記している。

「全校生徒が集まって行われる朝礼に学校に居ながら整列しない悪者が二人いた。二人組（一人は石渡）は、校庭のなかほどにある鈴懸の大木に登り上から小石を投げたり唾を吐いたり、悪態を尽くし朝礼の邪魔をしていた。そんな二人を発見、捕えようとしてやってきたのが関口先生である。相棒はその場で御用。私は、足を捉まえられたが、先生の頭を乗り越え逃走。追いかける先生を振り切り学校の塀も乗り越え校外へ脱出してしまった。……翌日私は、校長室の前に立っていた。水の入ったバケツは、手が抜けるほど重かった」。

当時、亮共は学年主任。直接の受け持ちではない生徒への、徹底した敏捷な指導ぶりに驚くが、亮共先生にとって受け持ち云々は、関係ないことかもしれない。全校生徒に対し教師としての愛情と責任をもって接していた。これは戦後のベビーブームで新設された四谷小学校に副校長として転任してからの亮共の仕事ぶりを思い起こせば納得がいく。一言でいえば、学校全体を生徒、教師、PTA、給食のおばさん、用務員さん一家、交通整理のおまわりさん、学校前の畑の防空壕跡に住むホームレスのおじいさんの果てまで掌握し、責任をもって接していたのである。

1952（昭和27）年ごろ、川崎市立大師小学校教頭
時代の卒業記念写真。前列左から５人目が亮共。

しかも、亮共の守備範囲は校内にとどまらない。地域一丸となっての、一から始まる学校づくり。電話の普及していない時代、檀家も多い学区の、勝手知ったる家々である。ＰＴＡ関係のことなど、用事があると神出鬼没に訪ねていた。また四谷小学校は、今考えればとんでもない危険な立地で、学区が、「産業道路」を挟んだ地域にまたがっていた。全校半数の生徒が、信号も歩道橋も設置されていない道路を渡らなければならないのである。亮共先生は、非常に心配されていたと思う。おまわりさん任せにせず、登下校時、いつも歩道際に立っていた。

一九五三（昭和二八）年五月末、五年生で六年生不在の最上級生として、小雨のなか椅子を持って行列をなし、大師小学校から四谷小学校に亮共先生とともに引っ越した石渡氏は、当時のことを次のように語っている。

「父母はもちろん生徒も繰り出して、校庭の整備（草刈り、小石取り）をした。最後はついに関口先生の尽力もあって、小松製作所から借りた米軍のブルドーザーが登場して、漸く運動会ができた。子供の目にも四谷小学校の中心は、関口先生だった。そして誰よりも輝いていた」。

――あるいは、亮共にとってもいちばん輝いていた時代なのかもしれない。

運動会の後、PTAの父母や給食のおばさんたち
との集合写真。1957年ごろ。前列右端が亮共。

1937（昭和12）年、明長寺境内にて。
一度目の出征時。
上は弟・和夫と。左は次兄・晃と。

1943（昭和18）年、明長寺客殿玄関の前にて。二度目の出征時。
左から、母・やす、亮共、長女・寛子、妻・千代子、父・寛文。

1937（昭和12）年ごろ、一度目の出征時、上海にて。

第2章

チャンギー刑務所に亮共を辿る

［扉写真］

チャンギー刑務所正門／1945 年撮影
写真提供：AUSTRALIAN WAR MEMORIAL

亮共は、一九四五（昭和二〇）年八月一五日の終戦を、第七方面軍司令部所属の陸軍兵長としてシンガポールで迎えた。その後、司令部は渉外部となり、亮共は、一二月に伍長に昇進している。亮共が陸軍軍人の身分のまま教誨師に任命された正確な日付は不明であるが、一九四六（昭和二一）年一月下旬にシンガポール法廷で戦犯裁判が始まり、チャンギー刑務所で最初の死刑が執行されたのが同年三月二一日であるので、そのころであろう。

本章第3節に掲載する「教誨師面談記録」によれば、原鼎三《ていぞう》・海軍中将（一九四六〔昭和二一〕年六月一八日処刑）の面談を、前任の松浦覚了《かくりょう》師と一緒に「五月一九日以降ほとんど毎日」した、とあるので、亮共の教誨師としての務めの開始は、一九四六（昭和二一）年五月ごろと思われる（ちなみに六月一八日処刑の他の方々の面談記録は、亮共ひとりの名前になっている）。「終了」は、後任の田中日淳《にちじゅん》師と二人に「観音経を上げて戴く」という記述が、本章第2節掲載の趙文相《チョウムンサン》氏（一九四七〔昭和二二〕年二月二五日処刑）の遺書にあるので、それが最終であろう。

ということで、チャンギー刑務所における亮共の教誨師在任期間は、上記記録の前後を入れて考えると一年弱ということになる。その間、八七名（うち朝鮮出身者は、九名）の死刑執行を見届けた。

1　若松斉氏によって描かれた姿

元死刑囚・若松斉《ひとし》氏*1が執筆した手記『絞首台のひびき』*2には、チャンギー刑務所における教誨師・亮共の姿がいきいきととらえられている。以下、同書によって、亮共の人となりと教誨師の任務を辿ってみたい。

◎教誨師・亮共の登場

まず、亮共が受刑者の前に登場した場面である（同書〔世界社版〕一三六～一三七頁）。

午後になって、一人の坊さんがはいってこられた。関口亮共という人であった。カーキー色の背広に、あまり上等でない短靴をはいて、服の上には黒い僧衣を纏っておられる姿は、いかにもまだ野戦僧という感じであった。頭が大きく、いわゆる坊主頭で、その物静かな言葉つき

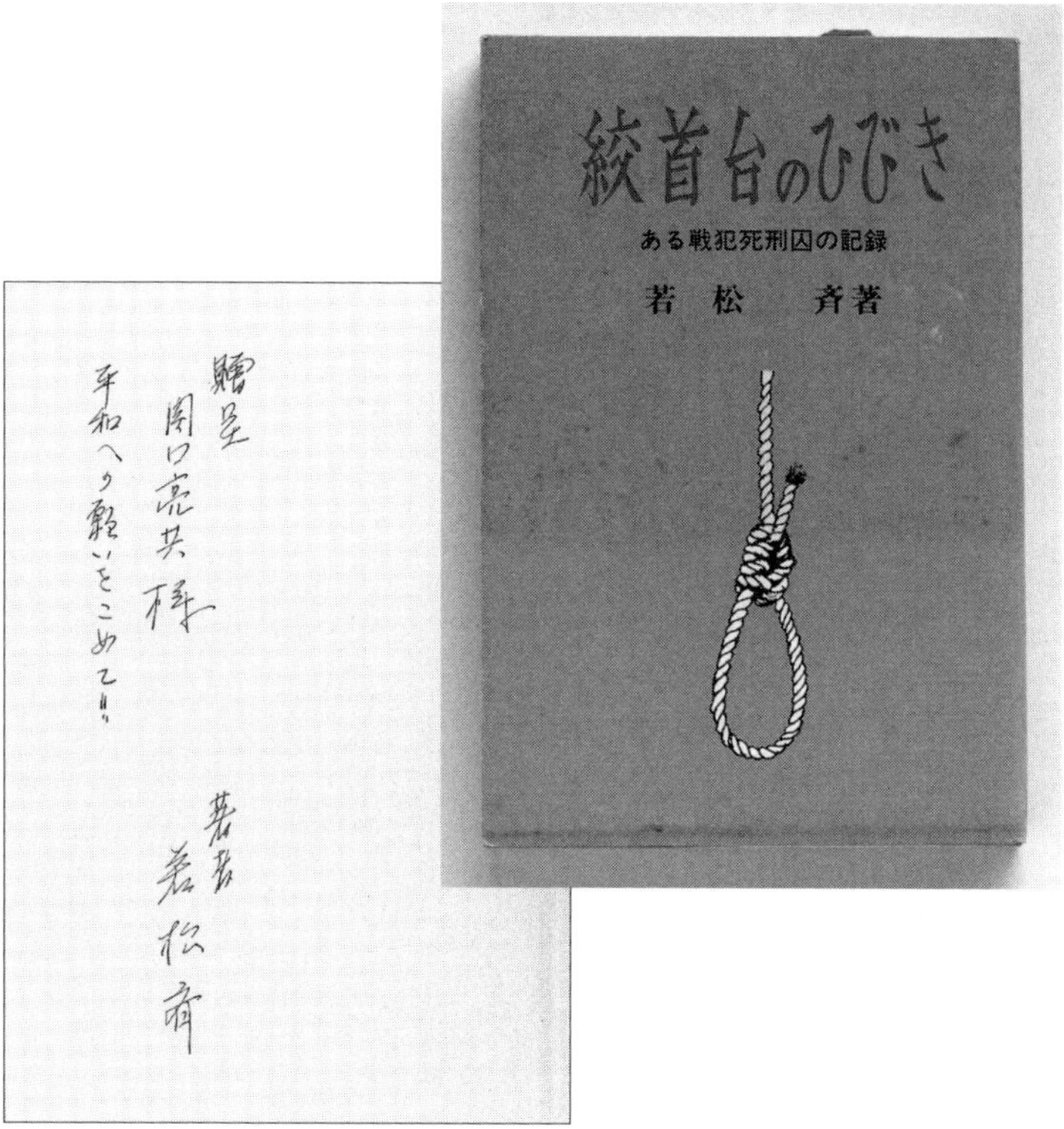

若松斉『絞首台のひびき――ある戦犯死刑囚の記録』（再刊、開発社、1979年）。表紙をめくった見返し部分には、若松氏の署名とメッセージが書かれている。

はなんとなく私の心を引きつけ、私はわけもなく、この関口さんに親しんだ。けだし私がこの悲嘆のどん底に陥ってからというものは、人生のあらゆるものに対する懐疑の念が、死そのものへの恐怖心とともに、私をこの上なく疲れさしていた。私はこの困憊から脱れたく、また、何か心の寄りがかりとなるものを、つねに切望していた。それは、観念や理論だけでは、どんな高遠なものであっても、私の心を安心させることはできなかった。人間関口さんは、このようなとき、私のまえに現れたのだった。［中略］

関口さんは三和土の上に胡坐《あぐら》して、ポケットから手帳を取り出すと、馬淵と中村と久川と私の名前をよんで、顔を確かめられた。

「みなさん、まったくお気の毒でした。これからみなさんのお世話をさしていただきます。不束《ふつつか》な私は、皆さんの心を導くなどということはできません。むしろ私のほうが、みなさんに教わるということになるだろうと思います。みなさんは自分で自分の道を求められることのできる人ばかりです。みなさんは、この環境のなかから、きっとなにものかを掴まれると信じます。私はそばで、ただ声援をするだけです。」と、語られた。［中略］

関口さんは私達の住所をひかえると、後は、シンガポールにいる日本人の動静や作業隊の苦しさや、また敗戦国の人間として味あわねばならない惨めさなどについて、体験をしずかに語っていかれた。関口さんと別れたあとは、何か温かいものが心のまわりを、ふんわりと取りまいているような気がした。

◎処刑に立ち会う亮共

次に六名が処刑される二日間の記録中、亮共が登場する部分を引用する（同書〔世界社版〕一六五～一八一頁、「絞首台のひびき（その1）―昭和二一年六月一八日」）。

教誨師の関口さんが見えた。三橋さんはひたむきに関口さんのもとにかけていった。関口さんは三橋さんの肩を叩きながら――間に合ってよかった――と、いった。三橋さんは肩をがたがたとふるわせていた。歓喜の絶頂にでもあったのだろう。二人はならんで独房にはいって、しばらくのあいだ出てこなかった。まもなく三橋さんが出てきたが、その憔悴した顔のうえには、ある安堵の表情が漂い、足取りも軽く、マンディ場〔水浴場〕にむかっていった。彼は裸体になると、一気に頭から水を浴びた。〔マンディが終わった後、散髪の様子が続く〕内村さんはバリカンをすくいあげると、三橋さんが受けて待っている紙の上に、一つまみの毛髪を落とした。こうして彼の一生の思い出を秘めた遺髪は、薄汚い塵紙の中に畳み込まれた。〔中略〕和尚さんが帰った後は、妙に寂しい空気があたりを支配した。〔後略。この後前夜の晩餐会の様子に

続く。以下は翌朝、朝餉の後の記述〕

感激の壮行会――私達はこう呼んでいた――が始まった。壮行会というものの、それは晩餐会のように盛んなものではなかった。〔中略〕教誨師の関口和尚さんが現われた。一同が鳴りを静めると、中庭に立って、「皆さんの元気な様子を見せていただいて、誠に安心しました。この様子は必ず皆さんの遺族の方にお伝えしておきます」と言われた。一同は異口同音に――お願いします――と、こたえたが、後には云いようのない静けさが襲ってきた。「サァー」と、言葉には出ない和尚さんの促しにしたがって、六人は死の扉に近い二つの独房に分れて入った。そこからはまもなく引導をわたす読経の声がもれてきた。惻惻たる〔声音は〕六つの生魂を諭すかのように、切々たる余韻はその生魂を慰むるかのように響いていた。生きながらにしてわが死の葬送曲を聞くものと、まだ生きた魂の前に死の引導をわたす人間教誨師との胸のうちは、はたしてどのようなものであったであろうか。

◎若松受刑者との対話

最後に、「教誨」の内容の一端を伝える亮共と若松受刑者の会話を抜粋して紹介したい（同書〔世界社版〕一九八～二〇一頁）。

六人が処刑されてからというものは、あの時の絶叫の声や、ハネ板の音や、あるいは人間の生命の脆さなどがいろいろと頭にこびりついて、じりじりと胸を錐で刳られてゆくような日が続いた。……その頃のある日、私は、教誨師の関口さんと静かに話していた。〔中略〕

「……ここで死んでいかれる人々は、日本国民全体の罪を自分に背負ってとか、また国家の犠牲になってとかいう、ある固い信念のもとに死んでいかれるようですが、私にはそれができそうにありません。国民全体の罪を自ら負うと思うことは、私にとっては、戦争ということに便乗して、自分の犯した罪を隠蔽し、国民をあざむき、自己を偽るような気がします。また人類の幸福とか永遠の平和などということと、自分のこの非業の死を結びつけようとする魂胆によく突き当たるのですが、こんなときは、まるで竹に木を継ぐような白々しい気持ちになることもあるのです。なにを考えるにもまず、自分は人を殺したという気持ちがまっ先に起ってくるのです。私は最後までこの自ら犯した罪の深さに喘ぎつづけねばならないのでしょうか」

「それは貴下の心の美しさです。私たちはその気持ちを尊びます。人を殺した罪は許されないかもしれません。然し自ら犯したその罪をじっと見詰めつゝ、一切の虚勢をかなぐり捨て、大きなものの前にひれ伏しながら、自らの苦悩を煩悶と懺悔とをさらけだすとき、そこに湧いてくる涙はきっと貴下の心を清く浄めてくれるでしょう。貴下を生かすものは、他人ではなく、貴下自身です。貴下はその苦悩する気持ちを愛し、悲嘆の涙を尊ばねばなりません。そこ

に貴下の救われる道があります」［中略］
　このとき、俘虜収容所の野口秀治が入ってきたので、私たちの話も、それで中断されねばならなかった。私の気持ちは以前となんらかわるところはなかったが、しかし関口さんと話したということは、なんとなく嬉しかった。

［注］
＊1　若松斉（一九〇八―一九九二）。鹿児島県生まれ、元軍医・大尉。サイゴン陸軍病院にて終戦。一九四六（昭和二一）年一月戦犯となり死刑を宣告されるが執行直前に終身刑に減刑される。一九五六（昭和三一）年一月釈放。
＊2　若松斉の手記『絞首台のひびき』初版は、松尾三郎のペンネームで、巣鴨刑務所収監中の一九五二（昭和二七）年に世界社より出版された。再刊一九七九（昭和五四）年、開発社、再々刊一九八二（昭和五七）年、国書刊行会。
　なお、同書は、「再刊」発行直後に、自筆の二枚にわたる一九七九（昭和五四）年一二月九日付書状を添えて亮共に献本されている。以下、数行紹介しておきたい。
「……扨て終戦直後のシンガポールチャンギー刑務所でのご経験は、和尚さんにおかれましても生涯を通じての一大試練であったことと想います。……顧れば今年あたりは、チャンギーで絞首台の地底ふかく葬られて行った人人の三十三回忌にあたりますが、私には当時のことが、今も尚彷彿として胸中を悲しく去来しています。そしてかかる悲劇（戦争の愚劣をふくめて）繰り返しがあってはならないと一人心を痛めつつ、ここに新めて『平和への願いをこめて』――『絞首台のひびき』を出版して世に問うことを決心しました。これこそは私の故人に対する供養の心であり、又現代の人人に対する警告とも信じます。……」

2　『世紀の遺書』と教誨師・亮共

死刑囚にとって教誨師は、死に向かう安心を得る縁《よすが》にとどまらない。日本にいる家族とつながる最後の確実な縁でもある。教誨師・亮共の任務は、帰還後も続くことになる。まずは、託された遺書、遺髪、言伝《ことづて》を日本に無事持ち帰ること、そして遺族に届けることである。亮共は、遺書を書くことを勧めるとともに、当時の状況下、没収をおそれ、こっそり持ち出し宿舎で保存用のコピー（筆写）作成に励んだとのことである（後任の教誨師、田中日淳師の回想に「前任者のやっていたこと」として記述されている*1）。亮共が見送った死刑囚は八七名におよぶので、これは大変な仕事であったと思われる。

それらは、後掲「明長寺資料」にみる遺族からの手紙（礼状）と復員局からの預かり状から、原則的には東京第一復員局（旧陸軍省）経由、各地の「世話部」を通じて遺族に届けられたと推測される。また、本書「はじめに」の注3に掲げた『世紀の遺書』編纂に際し、巣鴨刑務所内の編纂委員会にも届けられている*2。今回発見された「明長寺資料」のなかに、遺書は皆無である。帰還後の亮共が、いかに遺書を届けることに誠心誠意の努力をしたかの証であろう。遺族への対応については、第4章の遺族からの手紙によって自ずから知ることができるので、ここでは『世紀の遺書』中の亮共への言及だけをみておきたい。なお、個人名は伏せて表記した。

向平八（一九四六（昭和二一）年九月一一日刑死、没年二六歳、憲兵曹長）

……私の遺品として遺髪を送ります。一つは能登の人○○○○君、一つは関口と云ふお坊さんに託しました。受取りください。二つ共刑務所で採ったものです。遺言は死の前夜書いたの

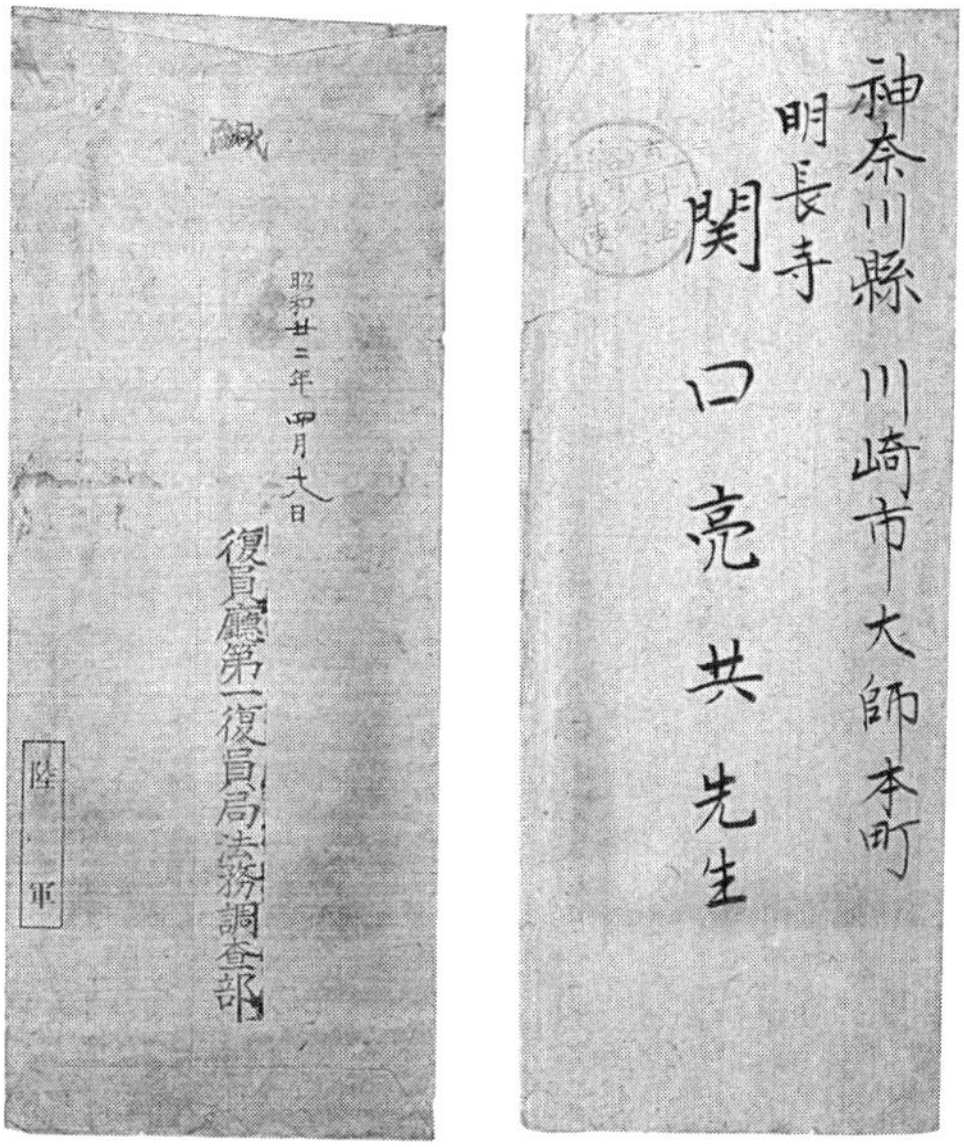

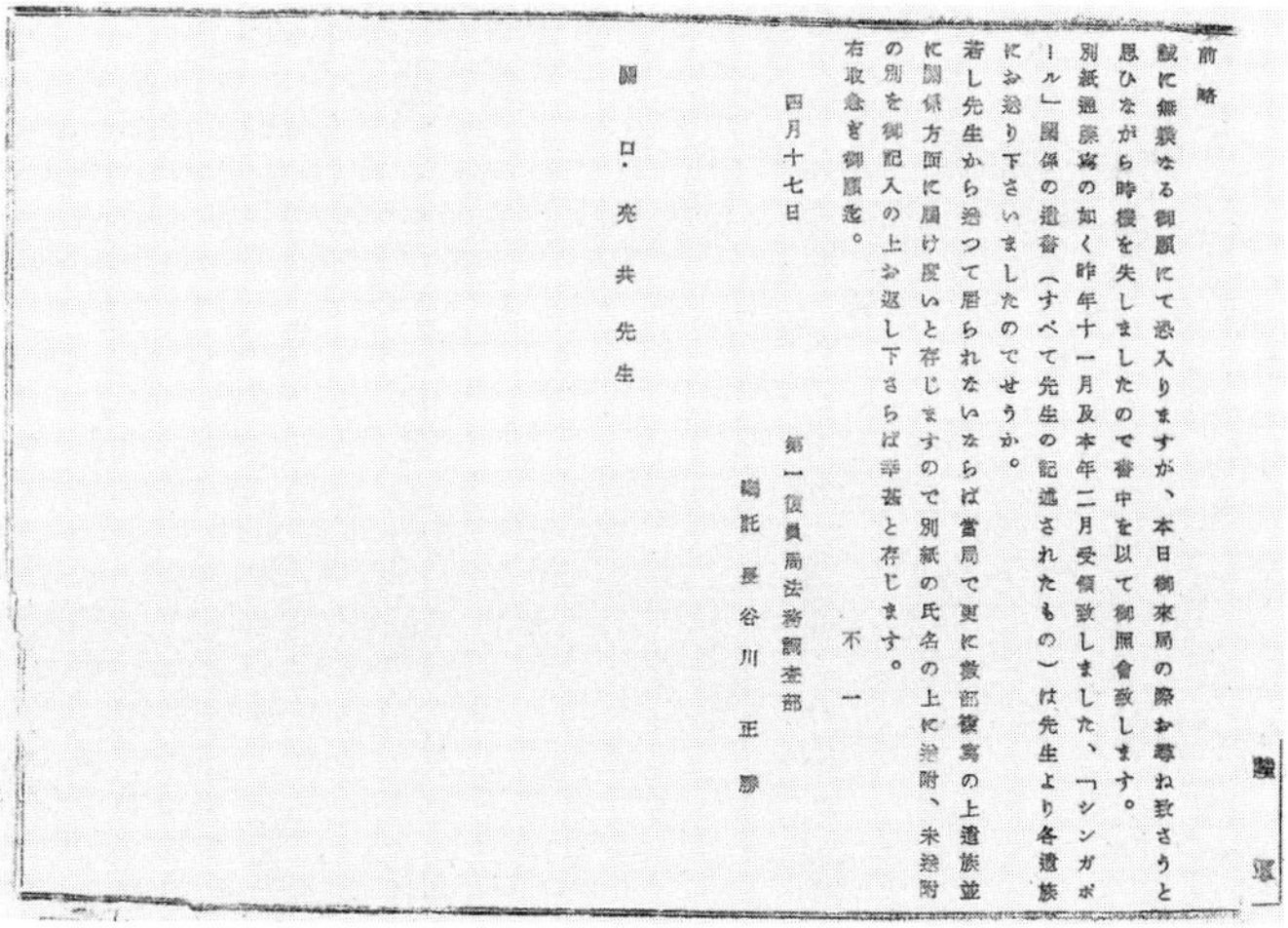

前略

誠に無躾なる御願にて恐入りますが、本日御来局の際お尋ね致さうと思ひながら時機を失しましたので書中を以て御照會致します。

別紙遺族寫の如く昨年十一月及本年二月受領致しました、「シンガポール」關係の遺書（すべて先生の記述されたもの）は先生より各遺族にお送り下さいましたのでせうか。

若し先生から送つて居られないならば當局で更に數部複寫の上遺族並に關係方面に届け度いと存じますので別紙の氏名の上に送附、未送附の別を御記入の上お返し下さらば幸甚と存じます。

右取急ぎ御願迄。

不一

四月十七日

第一復員局法務調査部

囑託　長谷川正勝

關口亮共先生

復員廳第一復員局法務調査部からの照会状（昭和 22 年 4 月 17 日）

です。同封で私の面影を画き置きました。

佐瀬頼幸（一九四六〔昭和二一〕年九月一一日刑死、没年三六歳、元陸軍警部）

……自分の遺髪と自画像、音信を川崎市明長寺の関口亮共師に依託した。他に福島県出身の○○氏にも遺髪を依頼して置きました。御受けください。

趙文相*3（一九四七〔昭和二二〕年二月二五日刑死、没年二六歳、陸軍軍属）

……隣の部屋でお経が始まった。金子が、「あのお経は、どういふことをいってるのかい、救けてくださいといってるのかな。」「うん、お前は仏さまがきっと救って下さるといはれるのだ。」関口さん、田中さんに観音経を上げて戴く。腰の中がチリチリとした。五臓六腑が固まってしまうような気持がする。頭が一人でにお経のリズムに従って行く。「平原さん〔趙文相〕は全く朗らかな顔ですよ」と関口さんがいってくれる。――もっと安心した心の片偶で快心の

巣鴨遺書編纂会『世紀の遺書』（復刻版、講談社、1984年）。初版は、巣鴨遺書編纂会編集・発行、1953年刊。

笑が起る。もう後は何もない。向うで殺してくれるばかりだ。

後藤辰次*4（一九四七〔昭和二二〕年三月二六日刑死、没年三〇歳、元憲兵准尉）

関口様にも私から宜敷く伝へて下さいませ。今度生れて来る時は私は日蓮宗ですからお寺に生まれて高僧になります。

〈付記——その後の亮共〉

帰還後の二〜三年、亮共が手紙への返信、面談、訪問等、遺族に誠実に対応している姿は、本書第4章掲載の遺族からの手紙に知ることができる。その後、小学校教師、副校長、住職として、多忙ではあるが充実した日々を過ごしていたと思われる。福井県大成寺住職で元戦犯、城地《しろち》慈仙《じせん》氏より、次節3で紹介する同氏編纂の『印度洋殉難録』が届いたのは、そのころであった。今回の「明長寺資料」に残されていた慈仙氏宛礼状の下書きに、当時の亮共の心境がよく述べられている。

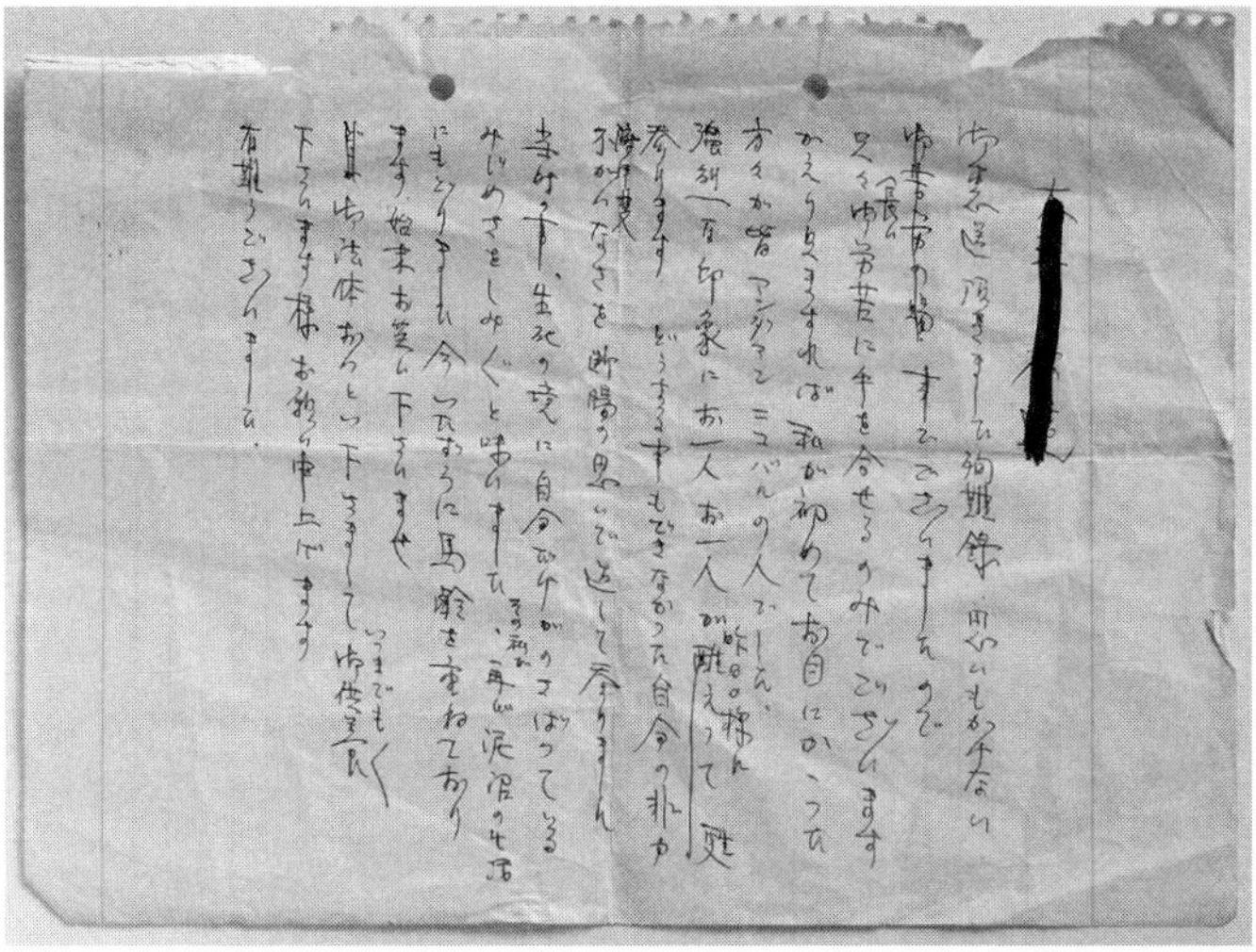

『印度洋殉難録』の著者、城地慈仙氏に宛てた
礼状の下書き

御恵送頂きました殉難録、思いもかけない事で
ございましたので 只々長い御労苦に手を合わ
せるのみでございます。
かえり見ますれば 私が初めてお目にかゝった
方々が皆 アンダマン ニコバルの人でした。
強烈な印象にお一人お一人が昨日の様に甦えっ
て参ります。 どうする事もできなかった自分の
非力 不がい《腑甲斐》なさを断腸の思いで過して参りま
した。
当時の事、生死の境に自分だけがのさばってい
るみじめさをしみ〴〵と味いました。 その私が
再び泥沼の生活にもどりました今 いたずらに
馬齢を重ねております始末 お笑い下さいませ。
御法体おいとい下さ［い］ まして いつまでも
〳〵御供養下さいます様お願い申し上げます。
有難うございました。

［注］

＊1　田原総一郎監修『BC級戦犯六〇年目の遺書』（アスコム、二〇〇七年）七六～七八頁参照。

＊2　夕刊紙・内外タイムス（一九五二年一〇月一五日）見出し「チャンギー死刑囚の遺書　ちかく巣鴨で編集」「危険冒し二百通　教誨師が持ち帰る」の記事中の亮共のコメントは、次のとおりである。「〝上衣に匿して〟関口師の話　上衣の下などにかくしたりして持ち帰ったものですが、これが巣鴨の人たちの手で出版されるということは私のもとより希望していたところです。どの方々の印象も私にはいまだにはっきりと胸奥深くよみがえるものがありますが、ただ私の当然の小さな努めが巣鴨の人達にも、また遺家族の方々にもお役に立っていたゞければ幸いです」。

＊3　趙文相は日本名、平原守矩《もりつね》。亮共は処刑直前の趙氏にこの遺書の執筆を勧めた、と伝えられる（鈴木得治［泰俘会］編『嗚呼戦犯泰俘虜収容所』〔一九七七年〕一一八頁編者注）。趙氏について、亮共の弟の古江亮仁は、次のように語っている。「兄から聞いていても、趙さんというのは人間として、人類として大したもんだと思いました。あれだけの教養と度胸のある人は歴史上にもそれほど、いないんじゃないかと」。つづいて、兄（亮共）も驚いてしまった話として、裁判を有利にしようとする弁護人が、法廷で、「君のお兄さんはキリスト教の牧師だそうだが」と聞いたことに対し、「私の裁判と兄が牧師であることとは何の関係もありません」と即座に答えたというエピソードを伝えている（「読売前掲書」（上）二八～二九頁）。なお趙文相氏の遺書は、同じくチャンギーで処刑された元学徒兵、木村久夫氏（一九四六〔昭和二一〕年五月二三日没）の遺書とともに当時から今に至るまで人々

チャンギー死刑囚の遺書
ちかく巣鴨で編集

原田元中將

絞首台上に散っていった戦犯九百五十余名の遺書を巣鴨服役中の元陸軍大尉福田信夫氏らが編集しているが、このことをきいた田中本隆師＝大田区池上町五五昭栄師＝と関口亮共師＝川崎市大師本町一八明長寺＝の両氏が、終戦後チャンギー監獄で処刑された百六十三名の遺稿約二百通を編集、遺族の手元に届け話題となっている

危険冒し二百通
教誨師が持ち帰る

両氏はともに仏教学校出身の応召兵としてマライ戦線に従軍、終戦後は"死の十三階段"をのぼって行った死刑囚に悟道を諭す教誨師としてシンガポール市のチャンギー監獄に出入りし、この間に両師は百六十三名を絞首台に送った

遺髪、ツメさえ許されなかった死刑囚が、遺書を書き残すのは容易なことではなかった、万一発見されれば教誨師自らが厳罰を受けることは必至という環境で、チリ紙と小さな鉛筆のシンとを監房にこっそり送りこむと、死刑囚はこのシンを水筒のふたのコルクに埋込んだ手製のエンピツで書き綴り、激しい飢えを我慢して食べ残した飯粒の下にかくして房外の両師の手元へ届けられた

両師はその手記を持ってそれぞれ廿二年末帰還したが、手記のなかには元アンダマン・ニコバル方面最高指揮官[illegible]元海軍中将、ジャワ方面軍最高指揮官原田熊吉元陸軍中将らの書き残したものも含まれている

"戦争を呪う"
田中師の話

お届けした遺書は相当の数にのぼり、なかには無実の罪を黙々と死んでいった死刑囚の手記もある、しかしどの遺書をとりあげてみても、戦争というこんなむごたらしい罪悪は、もうこのさき決して繰返さないでくれとの切々の訴えはすべてに共通している

"上衣に匿して"
関口師の話

上衣の下などにかくしたりして持ち帰ったものですが、これが巣鴨の人たちの手で出版されるということは私のもとより希望していたところです、との方々の印象も私にはいまだにはっきりと[illegible]よみがえるものがありますが、ただ私の当然の小さな務めが巣鴨の人達にも、また遺族の方々にもお役に立っていただければ幸いです

チャンギー死刑囚の遺書を巣鴨で編纂することを報じた
夕刊紙『内外タイムス』（1952年10月15日）

の記憶に長くとどまり語り継がれている。ＮＨＫスペシャル一九九一年八月一五日放送、桜井均・木郁猪一郎制作「チョウムンサンの遺書～シンガポールＢＣ級戦犯裁判～」参照。なお巣鴨刑務所に移送後のチャンギーでの友人たちの手によるものと思われるこの遺書（手記）のガリ版印刷の表紙が、今回「明長寺資料」のなかに発見された。

＊4　後藤辰次氏の処刑は、亮共がチャンギーを離れた直後であるので、遺言の末尾にこのような伝言が書き加えられたと思われる。

3　亮共筆教誨師面談記録――『印度洋殉難録』より抜粋

城地慈仙[*1]編纂『印度洋殉難録（上・下）』（一九七六〔昭和五一〕年五月二七日発行、私家本）[*2]には、亮共とアンダマン、ニコバル関係処刑者との面談記録が収載されている。これは、編纂を企画した慈仙氏からの求めにより亮共が提供したものである[*3]。以下、同書より抜粋して紹介したい。なお、原文片仮名書きを平仮名に改めた以外は、原文どおりとした。

趙文相氏の手記の表紙の裏表（ガリ版印刷）

原鼎三・元海軍中将（一九四六〔昭和二一〕年六月一八日処刑、行年五五歳）

教誨師：松浦覚了＊4　同：関口亮共

面談日、五月十九日よりほとんど毎日、特に五月廿四日と五月廿七日は参謀長朝倉少将と同行す。

五月十九日初めて御面会せり。頭髪を美しく分けて、半袖半袴にして（襟章を付せず）顔容は元気に見受けたり。同じ境遇の方々の先任者として班長の任に当り得意の英語の会話により看守兵とも折衝通訳の仕事もされ居たるを屢々見受けたり。艦隊の朝倉参謀長とは二回に至る面会に公私共充分に談合せられたるものと思はれる。五月廿八日島崎大佐と一緒に逝かれることとなり居りしも前欧州大戦当時（中尉の時）活動されたる為連合国の戦勝記念章を所持されて居たるを英国の勲章を所持されある如く何かの誤による調査関係により延期となり、六月十八日海軍粟国良助、山口春男、高柳義信の三氏と共に帰らぬ旅に逝かれたり。当日はご家族と一緒に写されたる写真を身につけられることも語り居られたり。

（追記）松浦は寺内元帥薨去の為、六月十二日より六月十八日の間元帥官邸にありしため、その間主として関口教誨師担当す。

（同書・上、九九頁）

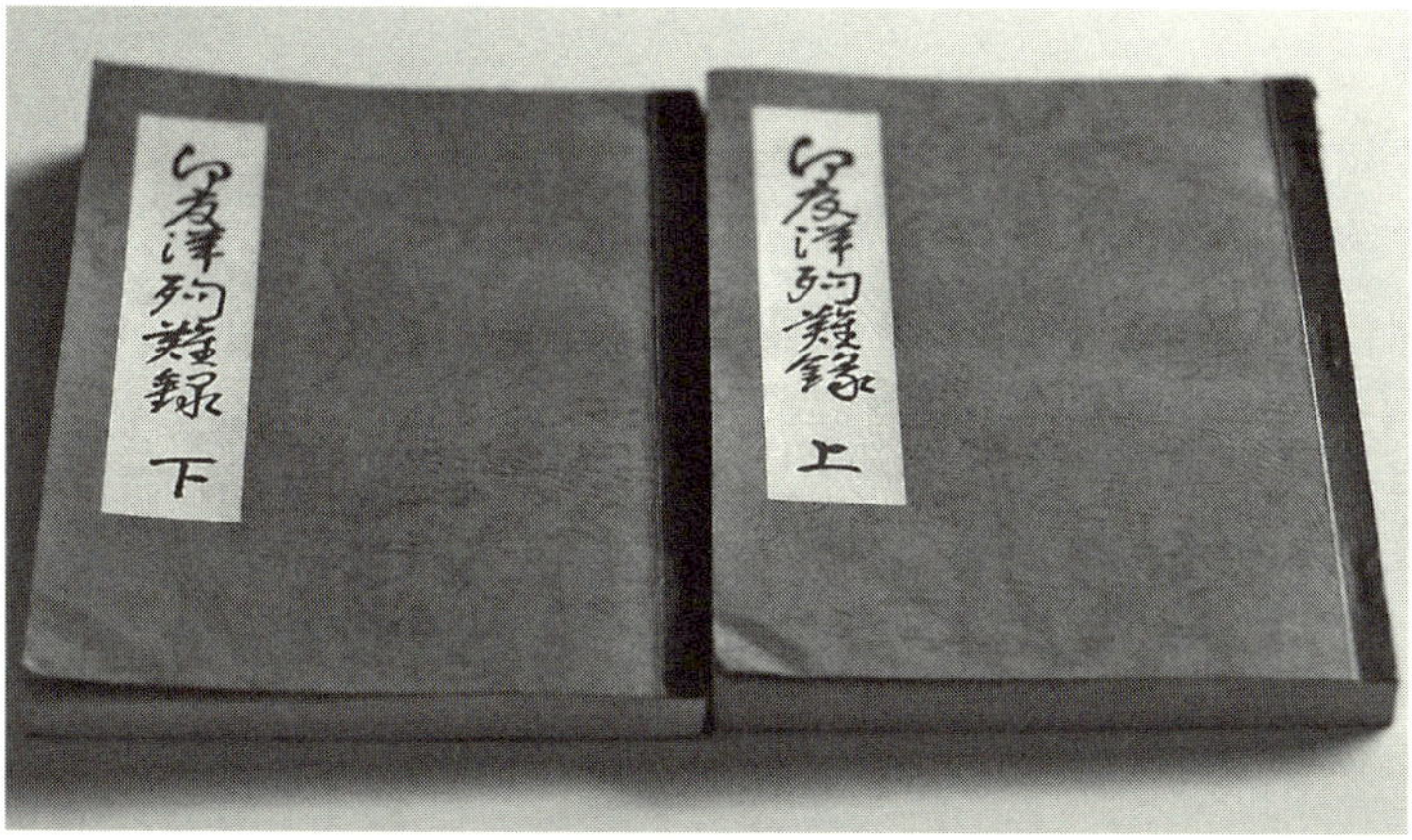

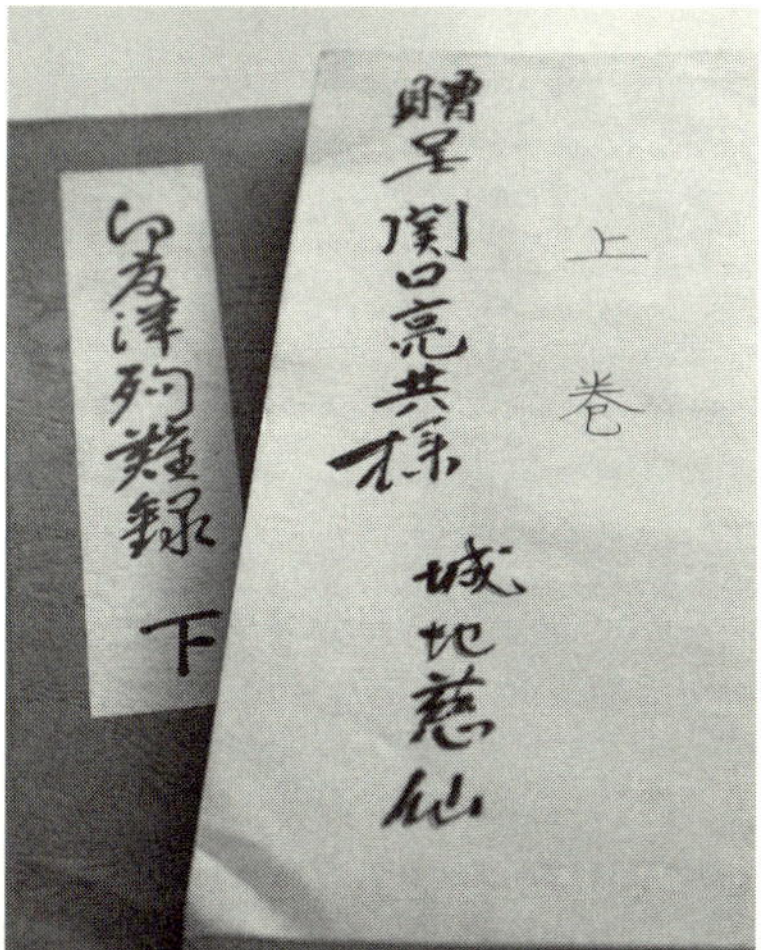

城地慈仙編纂『印度洋殉難録（上・下）』（1976年5月27日発行、私家本）。
見返し部分には慈仙氏の直筆署名がある。

高柳義信・元海軍二等兵曹（一九四六〔昭和二一〕年六月一八日処刑、行年三四歳）

判決前後における長期間の獄中生活、すべての悩み、悶へ、焦燥より脱して不動至高の信念に生きるまではそれは長い苦悶の道でした。前々から柔しい方だったでしょうが何時もニコニコし乍ら淡々と語る姿、すべてを包む大愛、胸中すでに死生なく唯家を念ひ国を憂ふるのみ。最後の朝でした、時は刻々と近づいて参ります。すべてを忘れ私は今温顔笑をたたえた高柳さんに面接しております。そこには一つの恐れもなく、誰を怨むでもなく信頼と感謝に包まれ乍ら共に誦し共に語るもあと数分、今日初めて陛下のご命令を受けて突撃する一赤子として死地につきますと語るは神か菩薩の化現か、四十六粒の唐トウモロコシに母の限りなき慈愛を語り、四十七日間の物言えぬ生活に味合ふ物言はぬものたちへの憐憫の情。

今朝は寝過しましてね看守の兵が不思議そうな顔で起して呉れました、と笑ひ乍ら私の問いに答へられました。内田さんと同じ部屋ですね、ええあの立派な内田少佐のお姿を少しでも多く偲ぶことができてうれしいです、本当に偉い方でした。と只管敬慕、する人も亦偉い人でした。世事一切を上げて父上に託し、他人の御助力を受けずに一家力を合せて楽しく暮らす様伝へていただきたい、と申されてお別れする処へ原閣下が入って来られまして、それでは関口君、長い間いろいろお世話になりました、と固く私の手を握りしめました。あゝこの熱き血のつながりの中に私は何を感じなければならないのでせうか。
往く人、送る方、悟道の人には悲しみが無いのでせうか。左様なら、お先へ、お世話になりました。一人、二人、三人、萬歳が絶叫されて行きます。祖国日本の再建早かれ、雄々しかれと祈る心か、本当に立派なお姿でありました。謹んで合掌す。
昭和二十一年六月十八日　関口亮共謹記

（同書・下、一八八頁）

山口春雄・元海軍二等兵曹（一九四六（昭和二一）年六月一八日処刑、行年二四歳）

執行も迫るある日であった。何時もにこにこして居られる山口さん。それは恰度昼食時でした。運ばれてきた御飯を見て「あと六回食べられる」と嬉しそうに何気なく言ふ言葉に私は思はず声を呑んでお答えすることが出来ませんでした。最後の日の朝でした。読誦する普門品［観音経のこと］に和して唱ふる菩薩の御名、死生を越へた神の姿を私は今眼前に拝んでおります。

生佛をかく功徳したまわれしきみがみこえのまゝに歩まん

山口さんが私の信頼に寄せて下された短歌です。それではお別れ致しますと言はれて皆さんが集まって居る場所へ行かれました。朗々と静けさの中から「チャンギー」を揺り動かさん許りの歌声「海行かば水づく屍山ゆかば…」懐かしくも恋しい別離の歌、往く者、送る人、悟道の人々は悲しみが無いのでしょうか。「左様なら。お先へ。お世話になりました。」一度、二度、三度。萬歳は絶叫されて行きます。あゝそれは日本の再建早かれ、雄々しかれと祈る心か。立派な御最後でした。

謹んで合掌致します。

昭和廿一年六月十八日　関口亮共謹記

（同書・下、一八一～一八二頁）

三橋又一・元海軍司令官（一九四六〔昭和二一〕年六月二六日処刑、行年四六歳）

判決後に於ける長期間の獄中生活、……〔以下、最後の萬歳まで、前記二名の記録とほぼ同文につき中略〕……言ふ言葉なき立派なお姿でした。謹みて合掌す。尚私の知って居ります西郡の〇〇〇〇の長男の方と同窓の由、非常に不思議なご縁を喜ばれて居られました。

昭和廿一年六月二十六日　関口亮共謹記

（同書・上、一四五頁）

三浦光義・元海軍上等兵曹（一九四六〔昭和二一〕年七月一一日処刑、行年四〇歳）

判決前後における長期間の獄中生活、……〔以下、前掲記録とほぼ同文につき前半と後半を省く〕最後の夜晩餐を共にさせて頂きました。久方ぶりの御馳走を前に折から十三夜の月光を浴び乍ら談笑数刻或るは歌ひ或るは踊る等色々隠芸が演ぜられました。思ひ残すことなく晴々と子供の様に無邪気に振舞ふ人々、あゝ死を前にした人の姿とどうして考へる事が出来ませうか。その朗らかな、さっぱりした雰囲気の中に唯戸惑ふ哀れな私の姿を愕然と見直すばかりでした。翌早朝御一緒に普門品と御名号をお唱へしてから皆集まって別離の歌を歌ひました。「海行かば」です。朗々と静の中から……〔後略〕謹んでご冥福をお祈り致して居ります。

昭和二十一年七月十一日　関口亮共謹記

（同書・下、一九二頁）

小島武治・元軍属（飯野海運アンダマン造船所職員）（一九四六〔昭和二一〕年七月一一日処刑、行年三五歳）

昭和二十一年七月十一日

［関口亮共謹記の面談記の内容は、同日処刑された前記三浦光義氏とほぼ同文につき略］

（同書・下、二三二〜二三三頁）

中山春美（一九四六〔昭和二一〕年七月三〇日処刑、行年三七歳）
藤江竹夫（一九四六〔昭和二一〕年七月三〇日処刑、行年三四歳）
松岡勇（一九四六〔昭和二一〕年八月一六日処刑、行年三三歳）

［右三名について、まとめて関口亮共教誨師が書いたとのコメントがあるが、前記とほぼ同文に加え、亮共謹記の日付が、三名の処刑日以前の二一年六月とあるので、省く］

（同書・下、一七六頁）

内村貞夫・元軍属（アンダマン海軍民生部）（一九四六〔昭和二一〕年七月三〇日処刑、行年二九歳）

（昭和廿一年七月廿日　関口亮共謹記）

判決前後における長期間の獄中生活、……〔前掲記録とほぼ同文につき中略〕

私に遺言として残されたるもの歌二首、重厚なそして人のためのみを念ふ美しき心を無理に引き止めて色々お話を伺ひました。或いは内村さんの気持ちに反するかもしれませうが、お家の方々に少しでも分って戴けるかと思って記する事に致しました。「自分は、常に世を儚んだとか怨んだとか言う事は少しもありません。現在でも同じです。仕事の上でも先の分らなくなる程夢中になった事はありませんでした。そして曲った事悪い事は塵一つ行った事はありません。今度もだから安心して死ねるのが嬉しいです。日本を発つ時母が門司迄送って呉れました。顔に『ハンカチ』を当てて泣いて居られる姿、泣くまいとしても泣けてくる、私の心は今も少しも変っては居りません。日本が再び立派な国になる様そして父母が無事で居られる様唯々祈って居ります。私はこの世に何も残して居りませんので記念として果物の樹でも植えて皆さんに食べて戴けたらと思っております。『アンダマン』島に居て食料の有難さがしみじみ感じられました。又それを作る嬉しさを知りました。戦ひが終ったら此の方面で身を立てたいと思ひましたが今は夢です。」

以上のような味合ひある言葉の数々を私は承ってお別れいたしました。最後の夜は晩餐を共にさせて戴きました。〔以下、前掲記録とほぼ同文につき後略〕

謹んでご冥福をお祈り致して居ります。

（同書・下、二〇九～二一〇頁）

［注］

＊1　あとがき（同書（下）三一九頁）による城地慈仙氏の略歴は次のとおりである。

福井県大野市に生まる（一八九八〔明治卅一〕年）。山形高校を経て京大法科卒。清水建設入社（一九二七〔昭和二〕年）、満州国官吏（一九四〇〔昭和一五〕年）、海軍司令官、アンダマン島民生部長（一九五二〔昭和二七〕年）。日本敗戦後英国軍事裁判の結果、無期刑の宣告を受け、のち刑期十年に減刑。京都建仁寺にて出家（一九五九〔昭和卅四〕年）。福井県若狭在臨済宗大成寺住職（一九六四〔昭和卅九〕年）。

＊2　同書は、手書きガリ版刷りの遺族配布限定刊行非売品で、上下二分冊に製本されている。ただし頁数は通し番号である。チャンギーを経て巣鴨刑務所に収監中（一九五五〔昭和三〇〕年一一月釈放）に企画されたものである。アンダマン、ニコバル両列島関係諸事件の概要に続いて事件の死刑者（殉

難者）四三名と自決者二名の「殉難」記録を収める。各事件の概要（裁判記録）に続き各被告人の経歴、遺言等に交え教誨師の面談記録が収載されている。

＊3　明長寺には、亮共宛て一九五五（昭和三〇）年一二月一七日付資料提供依頼状、一九五六（昭和三一）年一月五日付照会状および一九七六（昭和五一）年七月末日付の送り状が、献呈された同書に挟まって保管されていた。これにより「明長寺資料」中の亮共からの城地氏宛礼状下書き（前項〈付記〉五五頁に掲載）は、これに対応するものであることが判明した。なお、城地氏の書簡と同書によれば、同氏が戦犯に問われた事件は、原鼎三元海軍中将ほか六名が処刑されたヘブロック島事件である（同書（上）七九頁以下参照）。

＊4　松浦覚了（一九〇〇―一九八七）は、チャンギー刑務所において戦犯裁判開始当初から一九四六（昭和二一）年七月までおよそ四か月間、教誨師を務めた。兵庫県太子町所在の浄土真宗大谷派了源寺住職。亮共と同様現地で終戦を迎え、引き続き教誨師となる（週刊仏教タイムス〔二〇一二年七月二六日〕、教誨百年編纂委員会編『教誨百年（上）』〔浄土真宗本願寺派本願寺・真宗大谷派本願寺、一九七三年〕「戦犯者と教誨師」の項「二一　海外における教誨」二八五～二九三頁）。

第3章

「明長寺資料」（その1）チャンギー編

［扉写真］
ノンフィクションエッセー「秋の日」原稿

1　ノンフィクションエッセー「秋の日」——作者は亮共か

死刑が確定した三人の受刑者の執行直前の様子を上官である当事者の心境に深く立ち入って描写したものであるが、執筆者名、執筆日は記されていない。また文中に出てくる氏名は仮名であるが、唯一、処刑前の原田熊吉中将（一九四七〈昭和二二〉年五月二八日処刑）が実名で言及されている。しかし、記述に該当する事実は不明である。なお「資料」は、筆跡から亮共の筆によるとみてほぼまちがいない。資料発見時には、受刑者の手記を亮共が「筆写」したものと推定したが、書き込みや修正が多い乱雑な書きぶりや内容からして、亮共自身が書いたエッセーの草稿と判断するに至った。煩悶する受刑者に向き合い、ともに煩悶する教誨師の姿は、チャンギー刑務所における亮共の手記ともいえよう。以下に全文を掲載する。なお、表記は一部片仮名書きを平仮名に改め、また適宜ルビと句読点を入れたほかは原文のままとし、［　］内に編著者による注ないし補足を付した。判読が困難な文字は「□□」とした。

一

秋の日はもう落ちやうとしてゐるらしく、小窓から差し込む光は大分暗くなっていた。相変わらずここシンガポールチャンギ刑務所の獄屋は暑苦しかった。風が全くないのだ。その薄暗い部屋の隅に三人の人間が動かずに思ひ〳〵の姿勢で思ひ〳〵のことを考えてゐた。元陸軍大尉平野光男は半座禅の姿勢で目をつぶってゐた。元陸軍曹長斎藤和夫は腕を組み、あぐらをかいて真正面を見るともなく見てゐる風だった。元陸軍上等兵大友隆介は折敷けのかたちでこれもやはり目をつぶってゐた。三人とも二年前の平野事件と呼ばれてゐるクアラルンプールで起ったオランダ人虐殺の廉《かど》で、昨日の正午、明後日「九時半絞首刑」と決定されたのである。時々印度兵看守の靴の音がするばかりで隣の部屋からも何の音もしてこなかった。そこにはやはり同じ運命を辿るであろう二人がゐた。いやそれどころかその隣の部屋には明日処刑さるべき四人がゐた。元陸軍中将第五十四方面軍司令官原田熊吉もその中の一人である。その隣には、平野らと同日処刑さるべき六人がゐた。さらにその隣にもその次にも幾人かの人がゐた。

〝シンガポール〟

もうすぐ唯一の小窓から南十字星の見え初［始］める時刻である。やはり暑かった。三人の額には汗□□□ゐた。それを拭はふとする者は誰もいないのである。靴音が近づいてきた。印度兵が夕食を持って来たのであろう。
今日もまたここに座ったまま一日が終ろうとしている。あと二日の命だ。

二

昨日判決を言い渡された時平野は、俺は正しかった、曲ったことはしなかったといふ強い信念がグーと胃から脳へ押し上ってきたやうな感じがした。それだからその瞬間にはちょっと赤みがさした丈《だけ》で彼の顔色は普段と変らなかった。判決後昼食の Ration［割当て、給食］を食ひ終わるところへ元の部下の僧侶である吉田が入ってきた。吉田と平野は隊長部下の間柄であるとはいえ、互にその人格を尊敬し合ってきたので終戦後は両方とも相手を呼ぶのに「さん」をつけてゐた。吉田が入ってきたとき斎藤は「吉田さんあと八回飯が食へますよ」と言って静かにほほえんでゐた。平野は斎藤大友等が不憫でならなかった。吉田にうながされて書いた家族への遺書の中にも平野は自分は決して曲ったことはしなかった、だから戦犯者の家族だからと思って卑屈な一生を送らぬようにと強調したのだった。老いた母には不幸の子としてのお詫びを書いて天寿を全うされることを末尾に祈っておいた。妻の芳子には母の面倒と子供の教育を頼み幸福な一生をと書いた。子供にも日頃思ってゐたことを何やかやと書いて立派な人間になってくれとしておいた。心残りはない。明後日を待つばかりだ――。平野の心には次から次へといろ〳〵な事が通り過ぎて行った。心残りはなかった□□□死に対する悟りをもつことは未だ出来て居なかった。

三

妻の芳子のことは大して苦痛にも思はなかった。しかし老母の事を思ひ出すにつけて平野の心はいたかった。本当に不孝な事ばかりして今に至った。一人子として又早く父を失って女手一つで育てられた彼は又人一倍母思ひであった。自分が帰れば家ではするべき事が山ほど積ってゐるに相違なかった。母はどんなに喜んでくれる事だろう。また自分の遺書が届けられたならばどんなに母はかなしむ事だろう。妻も子も。しかし仕様はなかった。判決は既に下ってゐて翻すべくもなかった。武人として潔く死ぬばかりだった。

又自分と一緒に此処に座ってゐる二人の部下に対して申訳ない気持ちだった。あの時自分があんな命令をこの二人に下さなかったら今頃はもう暖い家族との団欒に泌〔浸〕っている二人であろうに。平野は目を開けてそっと二人の方を見てみた。二人とも静かに落ちついて何事かを考へてゐる様だった。きっと故郷のことであろう。

丁度その時だった。旧部下の吉田が飛び込んできた。（吉田は僧侶として教誨師として囚人の部屋へは出入り自由の身であったのである。吉田はそれで判決後もしきりにあの頃の事情を調査して何とかして隊長を救ひたかった。昔の同僚を救ひたかった。それをやはり昔の同僚たる松本に託した。彼は帝大出の法学士で今は、チャンギーで弁護士の役目をしてゐた。たった今─再取調。許可が下りた所だった。）

「平野さん再取り調べですよ。助かりますよ。」と思はず吉田は叫んでゐた。平野には初め何んの事かわからなかった。しかしそれが自分の命を助けやうとする旧部下達の懸命の努力であるのを悟った時には心の中がパーと明るくなって来た。母に会へる妻にも子供にも。どこかに行って了ってゐた生に対する執着がむらむらと湧いてきた。五六分の間彼は嬉しさに躍りたい位だった。ところが聞くともなく彼は聞いた。静かに静かにただよひくるお経である。それはまさに隣の隣から漏れ伝ってくるものだった。そこには曽つての司令官原田中将が明日の死をまってゐる筈だった。とたんに彼ははっと思った。自分は死ぬべきである。自分が死なねばこの二人が死なねばならない。自分が死ねばこの二人は或ひは助かるかもしれぬ。彼は原田中将の事を思ひ出したのである。司令官は法廷で部下十五名の命を救はんがため従容として自己の責任を明らかにしたのだった。極力自己の罪を主張し、部下の無じつ［実］を表明した。その結果イギリス人の判事も遂に部下十五名を無実と宣告した。その判事は鬼のスミスと異名ある如く未だ曽つて絞首刑以外の判決を下した事のない男だったのである。然し原田中将は銃殺刑の判決だった。（因みに銃殺刑は絞首刑よりも罪が軽い。）

この報を漏れ聞いたとき、シンガポールチャンギー刑ム〔務〕所の全戦犯人は声を上げて泣いた。平野こそその第一人者であったではないか。しかも彼はなほ母を思った。妻を思った。彼の心の中では苦しい闘争が繰り返へされ始めた。彼の心はすっかり乱れて了ったのである。平野のこの気持ちを一番よく理解したのは吉田であった。彼は隊長が何んな状態に今ゐるかよく判った。それが自分の為した業であることもよくわかっていた。彼はこれ以上何と平野に言ってよいやらわからなかった。そしてやはり隊長は自ら死をえらぶだろうとぼんやり考え乍らいつの間にか獄屋を出てゐた。

原田中将ら四人を送るべく蛍の光が部屋々々から合唱になって星影漏れる石の廊下に響いてゐた。平野は何んとも言へぬ気持だった。次には当然我身なる事を知りつゝ囚人たちは明日自分達の仲間から消えてゆく人々の為に歌ってゐるのである。次には海ゆかば*1そして最後に君が代。余韻を引き乍ら歌声は空の彼方へ消へて行った。思ひ遙かな故郷の空へ、祖国日本の空の方へ。無心なる南十字星のみが□□□知らぬげに椰子の木の上高く瞬いてゐるのみであった。

四

自分は死ぬべきである。しかも死ぬべきではない。死にたくない生きたい。生きても一度自由な空気を吸って見たい。故国、故国へ帰へりたい。懐しい人々の顔をも一度是非見たい。しかし自分がそれをすればこの二人はどうなることだろう。誰かが罪を負はねばならない。自分は直接手を下したわけではない。そうだ手を下したのは自分ではない。然し命令を下したのはこの俺だ。俺は隊長として責任を負ふべきだ。お母さん。あゝも一度お会ひしたい。空襲で家はどんなになってゐるだろう。俺さえ帰へれゝば……。一つの心は死ね死ねといった。も一つの心は故郷へかへるんだ〳〵と叫んでゐた。彼は苦しかった。こんな苦しみを味ふ位なら一そ一思ひに何にも知らずに死んで了へばよかったと思った。真夜中を過ぎてゐた。彼は漸く光明を自己の心の中に見い出し得た。佛への帰一。無心の境地、人は死ぬべきものであった。釈迦は飢えた鳥に自分の肉を与へてゐた。解脱しえた後の安心立命の境地、それが問題だった。外の事はどうでもよくなった。生きて迷妄の世界へもどるよりは涅槃の境地へ入ることだ。それが今の彼にとってどんなに強い憧れとなったことか。

「秋の日」の原稿。２枚の縦長の紙に裏表を使って書かれている。長い年月を経て茶色く変質し、二つ折りを開くと折り目で切れてボロボロと欠け落ちた。

［注］

＊1　歌詞は、大伴家持作の長歌「陸奥の國より金《くがね》を出《いだ》せる〔聖武天皇の〕詔書を賀《ことほ》ぐ歌」「……仕へし官《つかさ》〈海ゆかば　水浸く屍／山ゆかば　草むす屍／大皇《おほきみ》の　邊《へ》にこそ死なめ／顧みは為《せ》じ〉と言立て……」（『万葉集』下巻、武田祐吉校注、角川文庫、一九五五年）。一九三七（昭和一二）年、信時《のぶとき》潔《きよし》が作曲。

2　阿部宏元鉄道第五連隊・中尉の手記

次に紹介するのは、元死刑囚・阿部宏氏（一九二〇―二〇〇二）が、獄中で記した九名の死刑囚の死刑執行前後三日間の実況レポートである。陸軍の電信用箋九枚の裏表を使って走り書きされている。明長寺資料中の多数の阿部氏からの葉書や手紙等から、直筆原稿と確認される。ただし、「写し」が、本人直筆も含め数部作成されているようである。現に、明長寺資料も八枚目（一五頁、一六頁）が抜けていて、便箋一枚に亮共以外の誰かが、清書したものが入っている。なお、読売新聞大阪社会部編『BC級戦犯』（上・下巻、新風書房、一九九三年、連載担当記者＝岩原慎介。以下、「読売前掲書」とする）（上）六六〜九九頁に、ほぼ同文のものが詳しく引用されている。手記を紹介するにあたり、［　］内に編著者による注や補足を入れたほか、適宜句読点とルビを付した。

本手記執筆時、阿部氏は、文中にあるとおり、チャンギー刑務所の死刑囚房Pホールで同じく死刑執行を待つ身であったが、後に減刑された。以下、刑歴を記す。

一九四六（昭和21）年10月23日　シンガポール軍事法廷で、死刑判決を受ける。罪名は、俘虜虐待致死。
一九四七（昭和22）年1月11日　懲役一五年に減刑となる。
一九五一（昭和26）年8月27日　巣鴨刑務所に移される。
一九五五（昭和30）年10月24日　仮釈放される。

阿部氏は、「死刑囚阿部中尉の手記、死刑執行状況」（三瓶義章編纂『鉄道第五連隊史』〔一九八〇年〕〔奈良県立図書情報館・戦争文庫所蔵〕一〇一九頁〜一〇五六頁所収）で、同じく本手記で記録した九名の様子を伝えているが、これには、前半に阿部氏自身の裁判の様子が記されている。なお同書は、手書き原稿を冊子として綴じたもので、明長寺には阿部氏から該当部分のコピーが送られている。その際の一九九五（平成七）年二月二〇日付送り状には、「九人の人々の最後の模様を同じ連隊の将校団に伝えるため書いたもので、死蔵されていたものが、［云々、以下略］」と記されている。

また、罪を問われることになったタイ・ソンクライの泰緬鉄道建設現場の実態と裁判については、「語る人・阿部宏『否定できない多くの犠牲』」『戦争裁判処刑者一千　別冊歴史読本増刊』（新人物往来社、一九九三年）のほか、読売前掲書で阿部氏が、詳細に語っている。

宛　宮年太郎
　柴田英治
　　（同期生ナリ）
［昭和二一年］一一月二〇日　二〇時〇〇分　阿部　宏

悪は益々栄え善は屍と共に滅んでゆくとか。最近好転しつつある様に思はれた情勢も急変して、昨十九日今二十日二日間に亘り合計九名死刑執行確定いたし、今日明日中に大量執行が行はれる予定です。又皮肉な事に減刑になったものもゐて実に深刻な悲喜風景です。あまりにも残酷なやり方です。ご想像ください！　減刑になったものが泣き乍刑を受ける人の肩を叩いてすまぬと詫びてゐる姿、笑い乍らきっと仇を討って呉《く》れと、かへって激励してゐる姿、凄壮［愴］の気みなぎって涙なしには居られません。今此処で死刑確定せし人二人、同室して麻雀をやってゐますが、朗かに歌い乍ら、阿部さんが来るときは天国で乳女［母］車を用意して置くと冗談をとばしてゐます。

〝小生戦傷の為多大の同情をうけてゐます。死を目前にした人のなんと浄らかなことよ、美しきことよ［〟］、〝人はすべて死によって、或ひはその瞬間よりはるか以前に、神と成り佛と成り得る。否必らずなるものなり〟ということをこの目ではっきりと見て大安心をしてゐます。

　私もこの人々と同様になれなければいけないと、改めて自ら言ひ聞かせてゐます。萬一の僥倖をたのむということが如何に心を弱くするかわかりました。今はもうすっかり諦めて最后の日に具へ度いと思ひます。こんな気持ちは娑婆に居ては到底考へられぬことでしょう。皆さんに激励の言葉を戴いて感謝して居りますが、さっぱり諦めて天命を待つよりどうしても途がありません。然し本當の気持ちは？　といへば、勿論〝死に度くない〟誰もが持ってゐる共通の気持ちです。親鸞上人だって臨終のとき斯う云はれた。先に死んで逝った人が〝天皇陛下萬

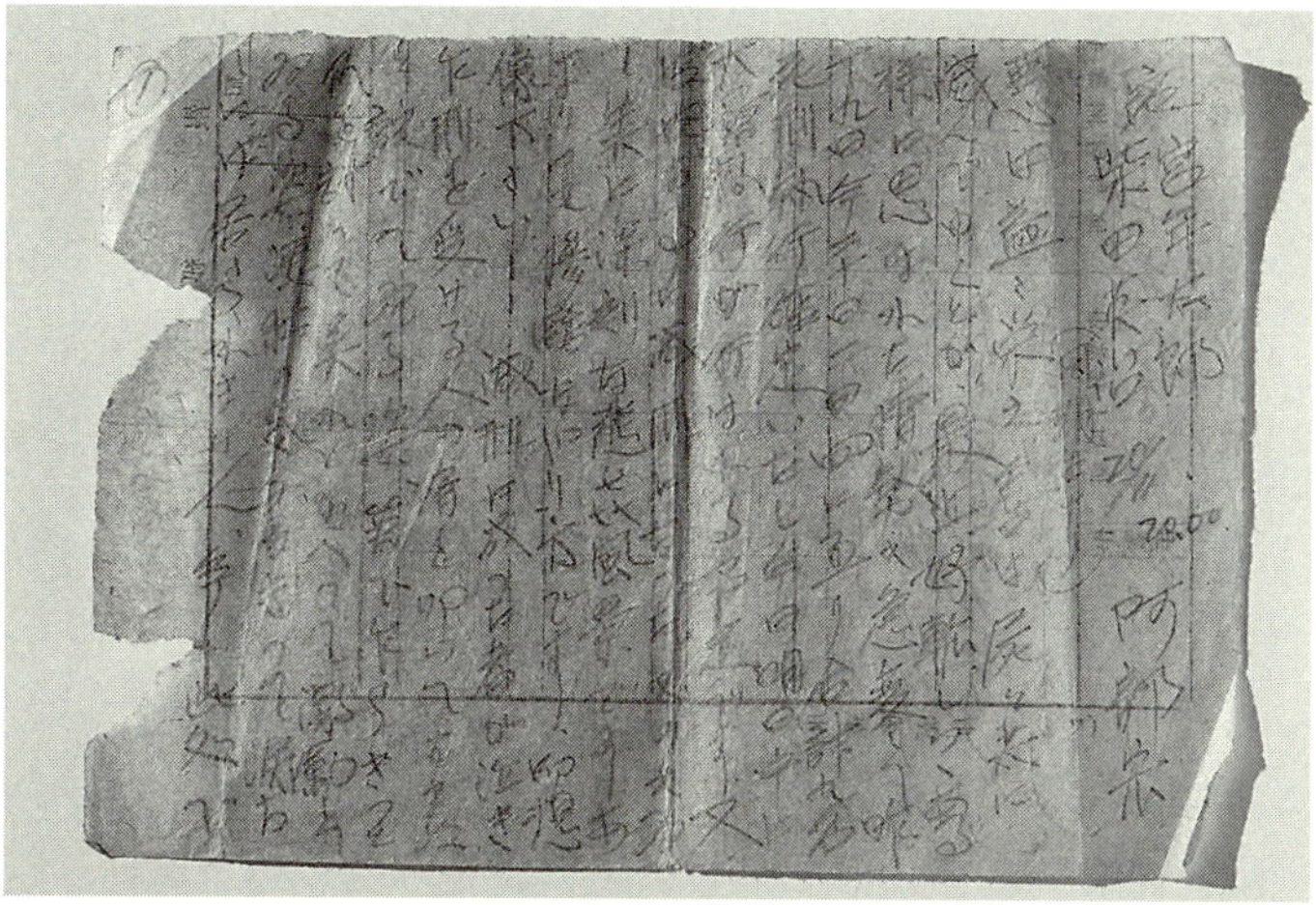

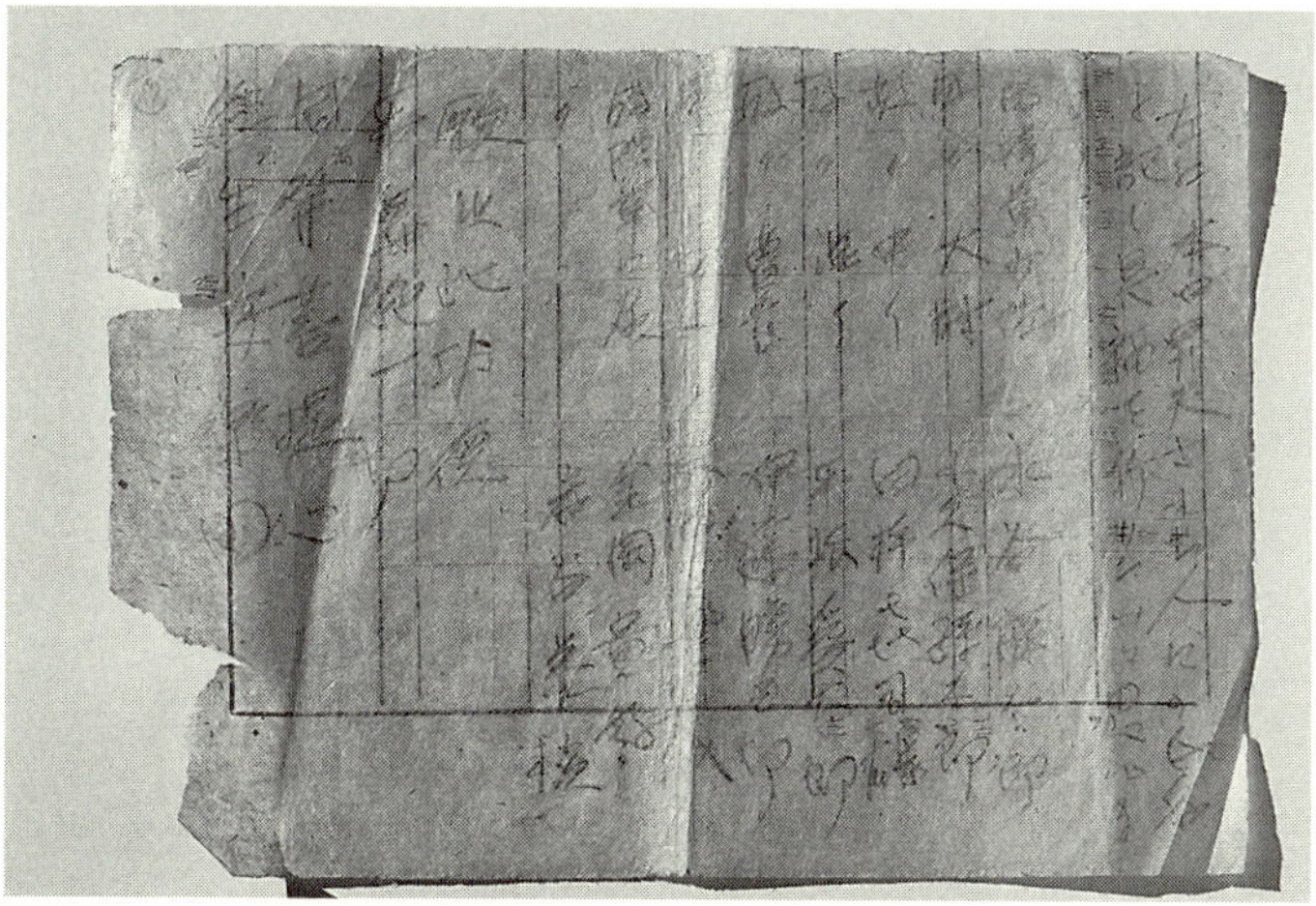

阿部宏氏が獄中で記した、９名の死刑囚の死刑執行
前後３日間を記録した手記の最初と最後の頁。

才〟を呼［叫］んだのも本質的に何の変りがありませう。

〝死に度くない気持〟と〝万才〟を呼［叫］ぶ気持が両方とも強くて、身体中が均衡とれずにぐら〳〵してゐます。そして有無形あらゆるものに縋りつかうとしてゐます。此処に宗教の意義も亦つく〴〵感ぜられます。左に死刑確定せる人の心境を聞いて書いてみました。

（一）言ひ渡された瞬間に死の刹那の苦しみを少なくする何か目標が欲しいと思った（宗教）。

（二）こんな雨のびしょ〳〵降る土地でシャツ一枚の薄着で埋められたら寒いだろうから暖かいも［の］を着せて貰らひたいな。

（三）早く逝って天国への途をふさいで後から誰も来ない様にし度い。

（四）何とか夢で母に逢ひ度い。妻に逢ひ度い。私が死んだらどんなしらせがあるだろうか。等々……

右の言葉をよく味［わ］ってみて下さい。

（一）の気持ちは私も判決を受けた時味［わ］った気持です。とに角之等の言葉には全く憎悪の念をはなれ、全く一個の人間に立ち返った純粋な魂の呼［叫］びをきくことができます。親鸞上人が遺した言葉と何の異るところもありません。考へてみれば斯くあるのが自然（法り、眞理）であり思はず目をつむって何かに頼ろうとする、ここに初めて神佛が在るといへる

阿部宏氏によるこの手記は、陸軍の電信用箋
9枚の両面を使って書き込まれている。

と思ひます。絶体絶命の窮地に於てすべてを抛《ほう》り出してすがりつくのでなければ、信仰帰依の眞の姿とは云へないのじゃないか。今までの宗教はあまりにも堕落してゐました。神も佛も至る所に在ると、宗教では教へます。確かにその通りでした。人間の誰でもが宗教といふ一つの型によらずして真の信仰を完成してゐます。私は終戦以来宗教といふものをいろ〳〵な角度から覗いてみやうと思ひ乏しい本を漁ってみました。一寸したお経（佛教）の中に深遠な佛哲が説かれ、聖書がいとも丁寧に神の存在を教へて呉れます。しかしそこに感ぜられる佛も神も何かある膜を隔てて感ぜられ、神［特］にキリスト教の説く神はともすると吾等の手の及ばぬ、この世で仰ぐことの出来ぬ偶像的なものになってしまふ。本来のキリストの教えはさうではないのだろうけれど、牧師の説く神なるものは、現世否定の上で仰ぐ雲の上のある偶像の様な感がします。こんなもので無条件に有難がって耐［堪］るものか、という反抗心が強くおこって仕方がありませんでした。佛教の方はさうでもありませんが、といふよりはまだそこまでゆけぬ、といふのが本当です。然し今ははっきり神の佛の眞実性（実在の）、信仰の、宗教の本来的の姿を見て大いなる安心と愉快［悦］にひたされてゐます。

これなどは今後の新しい宗教革命の一方向ではないでせうか。話が横途へそれました。私が若し確定したとき、果して冷静なる気持ちで遺言の一つも書く事ができるかどうか甚だ疑問でありますので、同期生諸兄宛てにぼつ〳〵書く事のすべてが遺言と思って下されば結構です。

今二一日午後五時です。明日死ぬ人達が最後の宴会で存分に飲み、喰ひ歌い吸って此の世の名残りを惜しんでゐます。これがやがて私にも来る運命です。賑やか［な］彼等の歌声を聞き乍ら今夜はもっと何か書けさうなので、鉛筆を握ってみました。いくら惜しんでも足りぬ程の名残りを唯口より出るままに歌ふ彼等の姿、彼等の心は嘗ての楽しい想出をよび起し又なつかしの故郷にとんで現在の悲境を嘆いてゐる者は一人も居りません、無限の怨みを固く胸に秘め、唯笑ってゐます。之丈《これだけ》申上げれば彼らの気持ちは察して戴けると思ひます。送る私たちは唯涙あるのみです。

だん〳〵夜が更けて時を告げる鐘、否、命を刻む鐘の音が実に陰惨な響を傳へて参ります。あと一二時間許りが彼等の最後の時間です。みんな夫々《それぞれ》独房に入り最后の夢を結ばうとしてゐます。が果してよく眠れるでせうか？　恐らく儘《つ》きぬ思ひが胸中を去来してゐる事でせう。何の罪もないものを可哀さうに、いつの間にか眠って朝が来ました。吾々残される者は外へ出して呉れません。彼等丈《だ》けが朗かな顔してとび出しました。水浴をしながら各房に呼びかけます。吾々の房に朝食が配られました。昨夜の彼等の御馳走の相伴で美味しいものがたっぷりあります。実に複雑な気持ちで食事が終わると、間もなく坊さんの読経の声が聞えて参りました。もう既にこのときの気持ちは、送るものも逝くものも実に落付いた気持ちになって参りました。私は房の中で唯合掌して、彼らの門出を祈ってゐる許りです。突然〝海ゆかば〟〝君が代〟〝蛍の光〟の歌が、力強く唄はれ、續いて〝萬歳〟の叫びが、あちこちの房から起りました。でもまだ時間は少々ある様です。しばらく静かなときが續きます。とびらの丸い小穴は外からふさがれてゐて外の様子は全くわかりません。全神経を耳にあつめて私は注意していま す。警戒兵の靴音と逝く人達がお互に別々の房から大声で話をしてゐます。「オイ準備はＯＫか?」「ウン、良いぞ、先にゆくぞ」聞く丈でも厭な刑が、これからすぐ近くの（十米も離れぬ所）刑台で行はれる様な気が全然いたしません。不思議な気持ちです。彼らが拍子をとって〝白頭山節〟〝炭坑節〟を唱い出しました。あとからあとから　唱声が起り誰和するともなくそれにつづきほがらかな歌が又起ります。刑台の準備をするらしい忙しい靴音が入り乱れそれを消すようにまた歌声、どっちが幸福だか分らなく成りました。〝ヤットナ、ソレヨイヨイ〟まだつづいてゐます。串本節もでてきます。

突然〝ゆくぞ〟と声がしました。又〝何も言ひ残すことはありません〟という低い声が聞えました。〝元気でゆけ〟と応えると、〝萬歳〟の絶叫。三人連れ出された様です。刑台にのぼる口の「ドア」が閉じる音、ドア一つ隔てた刑台上に絶叫する萬才！　萬才！　の声が消えかかるローソクの炎の如き感じを以て聞えます。一瞬、あの吾々がよく耳にせる転轍器を反す様な

絞首台／1946年撮影

日本軍の戦争犯罪人を処刑するためにＰホールに繋げて木造で仮設され、1946年３月から1947年９月まで使われた。死刑囚は頭から白い袋をかぶせられ手を背中で縛られた状態で、所定の位置まで導かれる。上部から吊るされた縄の輪を首に掛けられ、執行人が鉄のレバーを引くと、足元の床が外れ落下し、絶命する。一度に３名を処刑できるように設計された。

写真提供：AUSTRALIAN WAR MEMORIAL

音……、とたんに万才の声がとだえました。〝行はれたのです〟。先ず最初の三人が昇天されたのです。

一度で「ホール」内が静寂に返りました。するとその静寂を破る様にあとの六人がうたひ出しました。最初の〝ゆくぞ〟の声が聞えてからこゝまでに三〇秒位だったでせう。約三〇分宛の間隔をとって次々と昇天されました。

私ははじめての刑の執行なのでその瞬間瞬間のたまらぬ気持は、とてもよく書き表はすことはできません。そしてあたかも吾々の目前でやって見せるようなあくどい精神的虐待に対して英国に対する深い憎悪の念が湧いてきます。宗教も何も超越した憤りです。こんなひどいやり方がどこにあるでしょうか。

これ丈けは全世界に向かってしらせてやり度い事実です。然し、吾々はこれには負けません。一〇時一〇分頃第三回目を終りやっと重苦しい気持ちが去りました。歯が欠けたような空漠たる気持が中庭を包んで居ました。執行と減刑とで一五名も二日間に減ったのですからたまりません。一番後に残るものの淋しさ（必ずあり得る事です）が一人思ひやられるものがあります。味気ない気持ちで昼食を喰べてゐる時警戒兵が彼等九名が最後の一夜を過ごした室を開けて見せて呉れました。驚ろくべし其処に何が見られたでせうか。各房共塵一つ止めぬ清潔、その中に寝台の上にきちんと整頓された遺書と苦心して作った遺［位］牌と十字架と、ドアーを開けて入らんとした警戒兵が思はず息を呑んで後すさりしました。彼等も其後のあまりにも見事なのが判ったものと見えます。吾々も思はず驚嘆の声を上げて、そして「宜かったなあ」と話し合いました。何か美しいもの、たった今去った美しいものを追ふ様な目付で彼等の残りを発見し様と中庭の「アチラ」「コチラ」をキョロ〳〵し乍ら歩きました。ア、……、美は屍とともに滅びぬ。ア、……、誰かこの事を告げん。九人の人々が夫々あまりにも見事な最後だったので、途中の陰惨な光景も其の儘記録して、誰彼と話すつもりで認めました。左に本日昇天された人々の氏名を記し冥福を祈りたいと思ひます。

故　陸軍少佐　水谷藤太郎
故　陸軍大尉　小久保孫太郎
故　陸軍中尉　臼杵芼司雄［穂］
故　陸軍準尉　平松愛太郎
故　陸軍曹長　伊藤勝太郎
故　陸軍曹長　大西繁藏
故　陸軍軍属　金岡貴好（金）
故　陸軍軍属　岩谷泰協（姜）

［右記に陸軍軍属（小林寅夫＝張水業）が、欠けている］

願以此功徳　平等施一切　同発菩提心　往生安楽国

〔願わくはこの功徳を以て 平等に一切に施し 同じく菩提心を発して 安楽国に往生せん。善導大師（中国・唐代の浄土教の大成者）による〕

3　Pホール（死刑囚房）より生還した受刑者からの便り

◎阿部宏氏からの葉書

亮共は、阿部宏氏の減刑決定が出された二か月後、チャンギーを離れ帰国の途に就く。その日本の亮共のもとに、阿部氏の死刑判決を新聞報道で知った家族（父と伯母）からの問い合わせや来訪があったことが、明長寺資料中の葉書三通と書簡一通よりうかがうことができる。以下の阿部宏氏からの一九四七（昭和二二）年一〇月一二日付葉書は、その間の家族とのやりとりを踏まえたものである（阿部氏の家族からの便りも続いてここに掲載しておく）。

亮共宛チャンギーより阿部宏：一九四七（昭和二二）年一〇月一二日付葉書。
被武装解除軍人通信　東京地方世話部経由。GHQ SEALE

おなつかしき関口様
御無沙汰して居りますが、御元気ですか？　留守宅の方へ色々と御配慮頂きましたこと厚く御礼申し上げます。父も御蔭様で蘇生の思ひに诧びの便りを寄越しました。こちらは、二、三日中に民政移管となり、すっかり様子も変らうとしてゐます。永友さんは、去る九月一六日満一年目の日に遂に昇天されました。懐かしいＰ［Ｐホール］の人々も居なくなって了ひました。私達は、還れるまでこれからぢっと頑張ります。福田さんと一緒に居ます。とても元気です。御健康を祈ります。

差出人：〇〇〇〇（阿部宏氏の父）、差出日：一九四七（昭和二二）年五月一一日

前略
只今はお便り有り難く拝誦。せがれの件につきまして、詳細ご報知いただき、厚く御礼申し

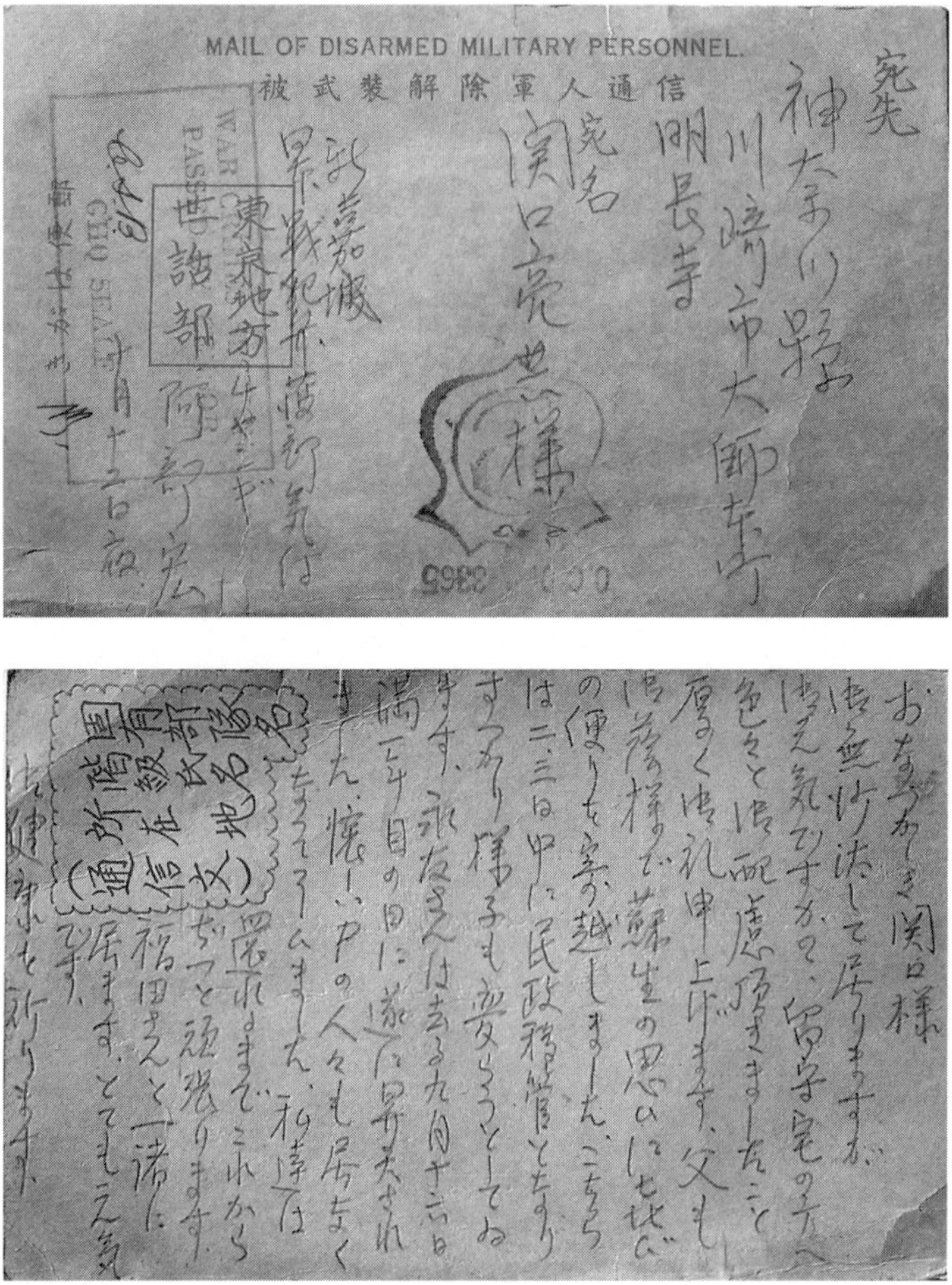

阿部宏氏より亮共宛ての葉書。1947 年 10 月 12 日付。

上げます。昨年一一月絞首刑宣告を新聞にて知ってより、この方今日まで知り得たかったのは、この確たる消息のみでしたが、今まで何ら確報も得られず、不安の日を過ごしていました。早速お伺いいたしまして、いろいろ詳しい事お聞かせいただきたく思っております。そのうち伯母がお伺い申し上げることと思っております。何卒おさしつかえない程度、詳しい様子、お聞かせください。お願い申し上げます。

まずは取り急ぎ、御礼申し上げ方々、お願いまで。

敬具

差出人：○○○○（阿部宏氏の伯母）、差出日：一九四七（昭和二二）年五月一五日

拝啓

昨日は突然お伺いいたしまして、種々とお話をいただきましたこと、只々有り難く、厚く御礼申し上げます。前橋より帰りましたら、お伺い申したいと思い居ります。大変な御馳走さまになりまして、おそれいりました。末筆ながらご一同様にもくれぐれもよろしく、御礼まで。

草々

◎洪起聖氏からの書簡

元朝鮮人軍属（捕虜収容所勤務）洪起聖《ホンギソン》氏は、阿部宏氏同様タイ・ソンクライの泰緬鉄道建設現場における捕虜虐待の罪で死刑宣告されたが、同じく一九四七（昭和二二）年一月一一日に無期懲役に減刑された。減刑前のPホールで九名の死刑執行前々日、執行される金貴好《キムキホ》氏を含む四名でマージャン卓を囲んでいる様子が前節の阿部手記に記されているが、読売前掲書（上）（六七～六九頁）によれば、そのうちのひとりは、洪起聖氏とのことである。

亮共宛チャンギーより豊山（洪）起聖：一九四八（昭和二三）年三月二〇日付書簡

検閲：OPEND BY CEN. — CIVIL MAILS

関口師　史下

師がなつかしい故国に御帰還なさって早一年とはなりました。其の間御何如［如何］で御ざいますか。混沌たる祖国の土を踏んでどれ程御傷《おいた》はしいことだったでありませう。なさねばならぬ人事ではない祖国の再建を深慮しつゝ、どんなにか御精進の事でありませう。御奮迅の程、

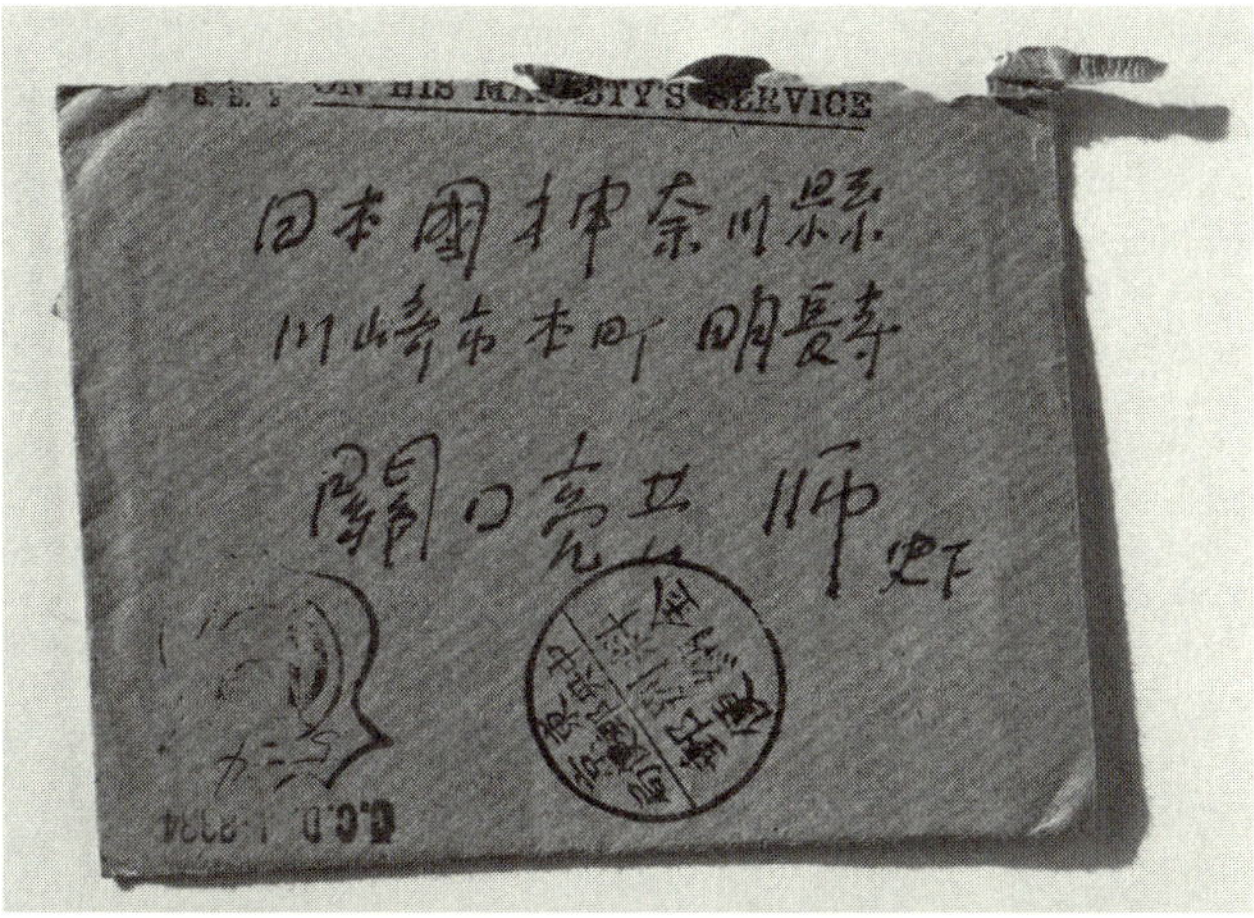

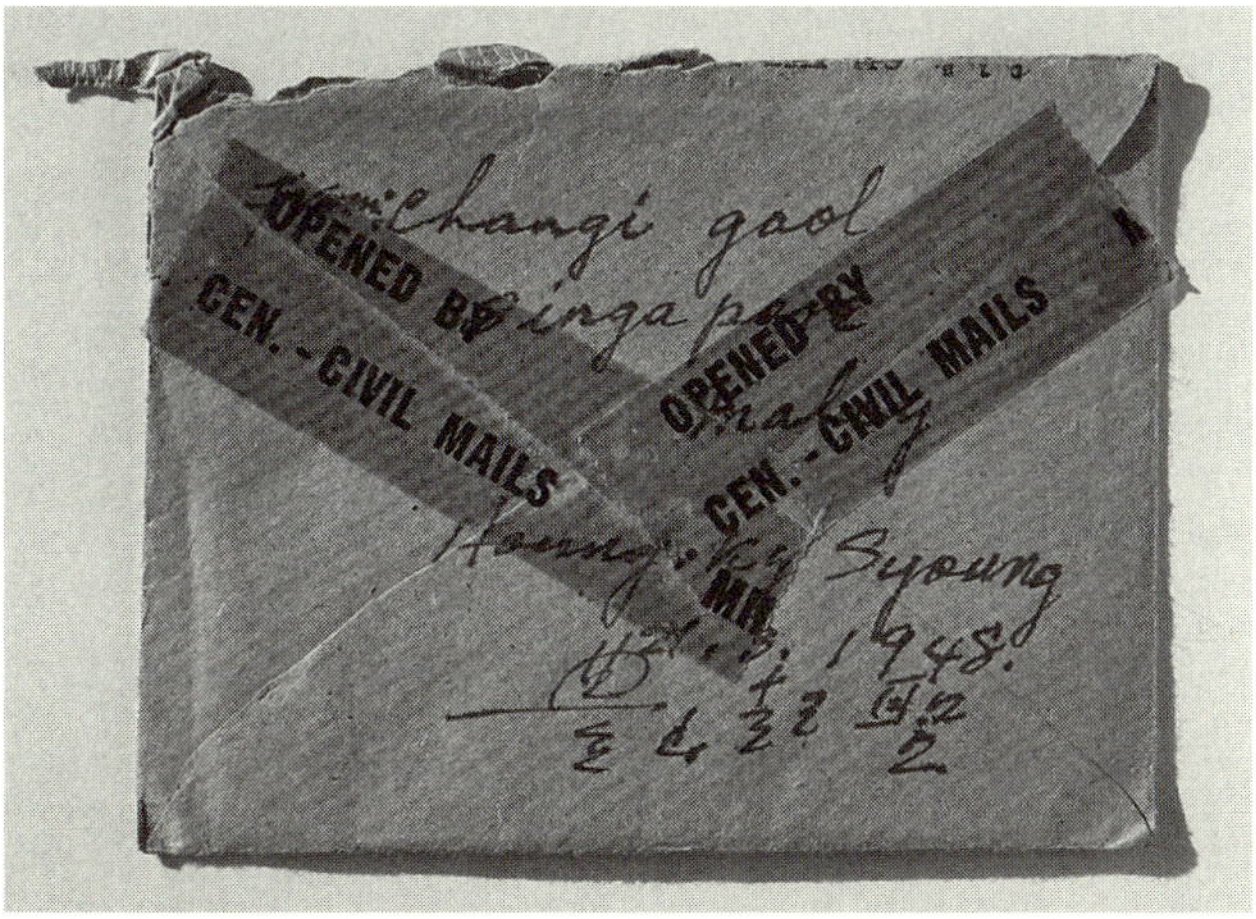

豊山（洪）起聖氏から亮共宛て書簡。1948年3月20日付。封筒は「OPEND BY CEN. ―CIVIL MAILS」と書かれたテープで封緘され、検閲のあとがうかがえる。

遠くの空で深く感謝しつつ恩師の健壮を佛明に祈願して居ります。

小生も其後大過なく佛恩の深妙にあずかりまして日々を来るべき光明に迎はれんことを信じせいぜい励んで居ります。此の地の様子も以前とは大分変りまして軍政より民管となり種々苦しいことも多くなり其の反面又苦あれば楽ありで楽しいこともあります。先づ第一に英国製のシガレットを日に三本づつ吸はして下［く］れ給養［料］も前より悪くはありません。それにこれから幾分増すそうですから他事ながら恩師と共に喜びたくお知らせ申し上げます。

田中師［田中日淳教誨師］を［も］昨年の八月御帰還なされて足下のくずれたやうな気がいたしましたが、安達、佐山両老師［安達本識、佐山学順教誨師］の懇篤なる御世話を煩はしまして大いに気を強くしていましたが、安達師も今年の三月御帰国なされ唯今は佐山師の御高説話を毎週一回ではありまするが、拝聴致して居る次第であります。

刑務所の規則として三ヶ月に一回の発信でありまする故、恒々［常々］師の深き慈恩を偲び申しつゝもこんなに永くなりましたことを御諒承下さい。

先月の二十五日は、親友故平原君［趙文相］外十一氏の命日でありまして、今さらながら悼はしく偲ばれて唯々久遠の冥福を祈りました。もうぢき原田将軍の一周忌も迫りつゝあります。何んと皆々惜しい方達でありませう。然しこれ等の尊い人柱の下に打建てられつつある東亜の輝しき開放のことを思はば此れ又人天の司であらせられる佛尊の御慈愛［悲］が深く感ぜ

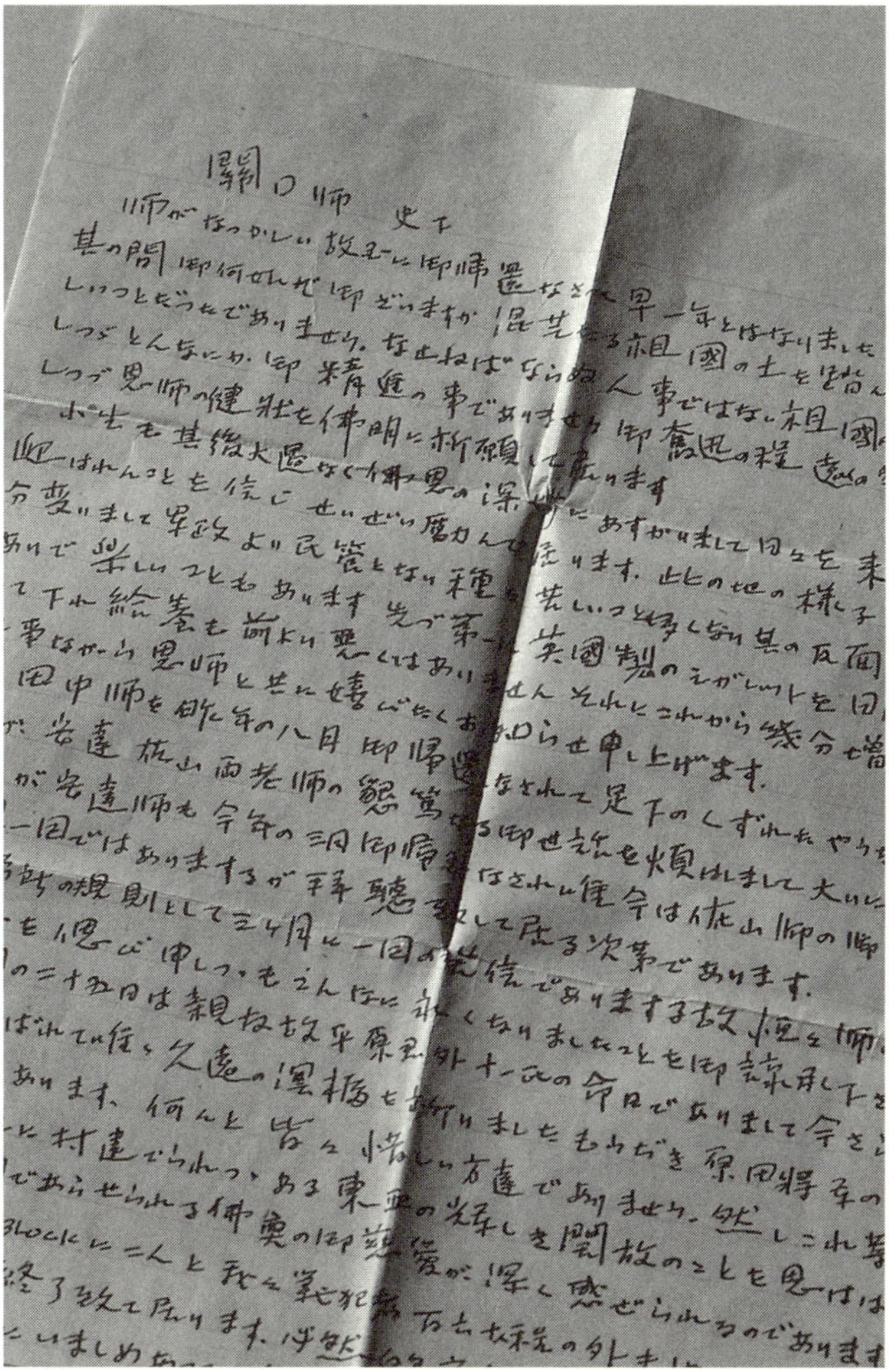

豊山（洪）起聖氏から亮共宛て書簡。1948年3月20日付。
一枚の紙にびっしりと近況と心境が丁寧に綴られている。

られるのであります。

只今は、"P" Blockに二人と我々戦犯者百六十人程の外未決は一人もなく当地の裁判は終了致て居ります。必然的宿命の今はの時期を共に切磋しあひつつ共にいましめあって明日への使命達成に心をきなきやう皆々勉めいそしんで居ります。尊き体験と石［赤］心は、やがて社会増福に注がれる日の来らんことのみを念願して居りまする我々の為に恩心をかうむり度くお願ひ申し上げます。

では、いつまでもいつまでも恩師の御清健を祈りこれにて擱筆致します。御きげんよう。

二三年三月二〇日　樟宜［チャンギー］刑務所にて　豊山生白

田中師にもよろしく期会［ママ］がありましたら御伝声の程御願ひします。

〈付記――その後の洪起聖氏〉

洪氏は、巣鴨刑務所を経て釈放された後、韓国に帰国したが、自死してしまった。その事情は、同じく朝鮮人軍属として戦犯となり、死刑宣告されたが、後に減刑され巣鴨刑務所を経て釈放された日本在住の李鶴来《イハンネ》氏（一九二五―　）が、洪氏の故郷を訪ねる姿を追ったＮＨＫのテレビ番組（ＥＴＶ特集二〇〇八年八月一七日・二四日放送「シリーズＢＣ級戦犯（１）韓国・朝鮮人戦犯の悲劇、（２）〝罪〟に向きあう時」）がよく伝えている。前掲亮共宛手紙にみる、希望を持った前向きな若者の姿を重ねてみるとき、その後の悲惨な最期に胸がつかれる。

洪氏の巣鴨刑務所ＢＣ級戦犯手記集、理論編集部編『壁あつき部屋』（理論社、一九五三年）に収載されている洪氏の手記「朝鮮人なるがゆえに」（仮名金起聖）は、「……長いあいだたまったことを一時にかきますから、少し長くなるかもしれませんが、」と始められる。日本軍に入った経緯、戦犯になった事件、裁判、日本軍隊、日本人について、「複雑かつ深刻な」思いがつづられている。

「……日本人ならば、周囲からいかに非難され罵倒されても、最後には、『自分たちは、身をもって祖国のためにつくしたのだ』という、なぐさめといいますか、ほこりといいますか、またはあきらめといいますか、そういったものを持つことができましたろうのに、私たち韓国人には、そうしたなぐさめすら持てるみちがなかったということです。［中略］将来を失っても、まだ過去だけでも持つことのできる者は幸福です。私たちは、過去も未来も一挙に失ってしまったのです」。

――これは朝鮮人ＢＣ級戦犯に共通する思いであろう（李鶴来著『韓国人元ＢＣ級戦犯の訴え―何のために、誰のために』〔梨の木舎、二〇一六年〕参照）。

李氏らは、長年にわたり日本に対し謝罪と補償を求めてきている。その裁判、韓国・朝鮮人ＢＣ級戦犯者の国家補償等請求事件（平成三年ワ第一五九六四号）東京地裁法廷（期日平成七年三月二〇日）において原告側証人に立った阿部宏氏は、尋問に答え、阿部氏自身と同じ事件で死刑判決を受けた洪氏が、韓国に帰ったのち自殺したことについて次のように語っている。

「……彼はやっぱりいろんな心の痛みを抱いて、何か方法を探して、そして韓国へ戻っていったんだと思います。しかし、彼は一時彼が願っていた保育園のような仕事、あるいは幼稚園のような仕事、彼は坊主になりたいというようなことを言っておったことがあるんですけれども、そういういろんな生活、暮らしていく、生きていくためのあれを探したんでしょうけれども、とうとう彼は安住の地を探すことができなかったと、……非常に私は彼のためにかわいそうだなと思いますし、悔しいと思います」（「証人　阿部宏調書」〔日本の戦争責任を肩代わりさせられた韓国・朝鮮人ＢＣ級戦犯を支える会発行、一九九五年〕一〇四～一〇五頁）。

洪起聖氏の故郷、忠清北道を訪れ、洪氏の遺灰が撒かれた川のほとりで合掌する李鶴来氏。　写真提供：NHK

◎文泰福氏より巣鴨出所報告の葉書

元朝鮮人軍属・文泰福《ムンテボク》氏（一九二三―一九九八）は、前掲洪氏と同様、泰緬鉄道工事現場で捕虜監視員を務め、一九四六年八月、シンガポール・イギリス裁判で死刑判決を受け、チャンギー刑務所死刑囚房（Pホール）で一〇〇日過ごした後、懲役一〇年に減刑された。オートラム刑務所を経て一九五一年八月、巣鴨刑務所に移管された後、一九五二年四月八日、仮出所となる。以下の便りに、その折の状況が記されている。出所後の文氏については、葉書の掲載に続いて本人の証言に拠り、紹介しておきたい。

文泰福（文元哲一）より亮共宛　一九五二年五月四日付葉書　立川市柴崎町より。

拝啓　初めて御手紙差し上げる御無礼を御恕《ゆる》し下さい。小生は文元と申す者で御座居ます。今から六年前、星港《シンガポール》チャンギー獄のPブロックで御厄話になった者であります。御記憶でせうか。去る四月の八日に巣鴨から出所して参りました。当時を憶ひ感慨無量であります。出て参ります時にP以来の友である阿部宏さんから先生の御住所を書いて戴き御訪ねするつもりでしたが種々の都合で今日になっても御訪ねする事も出来ず失礼致して居ります。阿部さんから先生によろしくとの御伝言を預かったまゝですから誠に申し訳なく思って居ります。何れ良い機会を作って是非御参上して先生のあのにこやかな御顔を見たいと思って居ります。当時を想ひ唯先生が懐かしく又あの世に逝った友等戦友等の心情を誰よりもよく知って居られ理解して居られるのは先生ですから先生と共に故人の追憶談をしたいとも思ひます。では先生御身体を御大切に。　敬具

チャンギー獄に居た大原禎萬［裵禎萬《ペジョンマン》］君が川崎の池上新田中留耕地［現在の川崎区桜本二丁目］に住んで居ります。

巣鴨刑務所を仮釈放で出所した文氏は、次頁の葉書末尾に付記されている裵禎萬氏の三畳間にとりあえず身を寄せた後、東京の各地を転々とし、最終的に田無市（現在の西東京市）に定住し、廃棄物処理業を営むまで、仕事も住まいもたいへんな苦労の連続であった。その間結婚し、子どもも得た。韓国への帰国を願いながら、仮釈放の制約と故郷での「日本軍協力者、戦犯」という誤解や非難もあり、果たせなかったという。とても、葉書で望んだような亮共と追憶談をする時機はこなかったかもしれない。

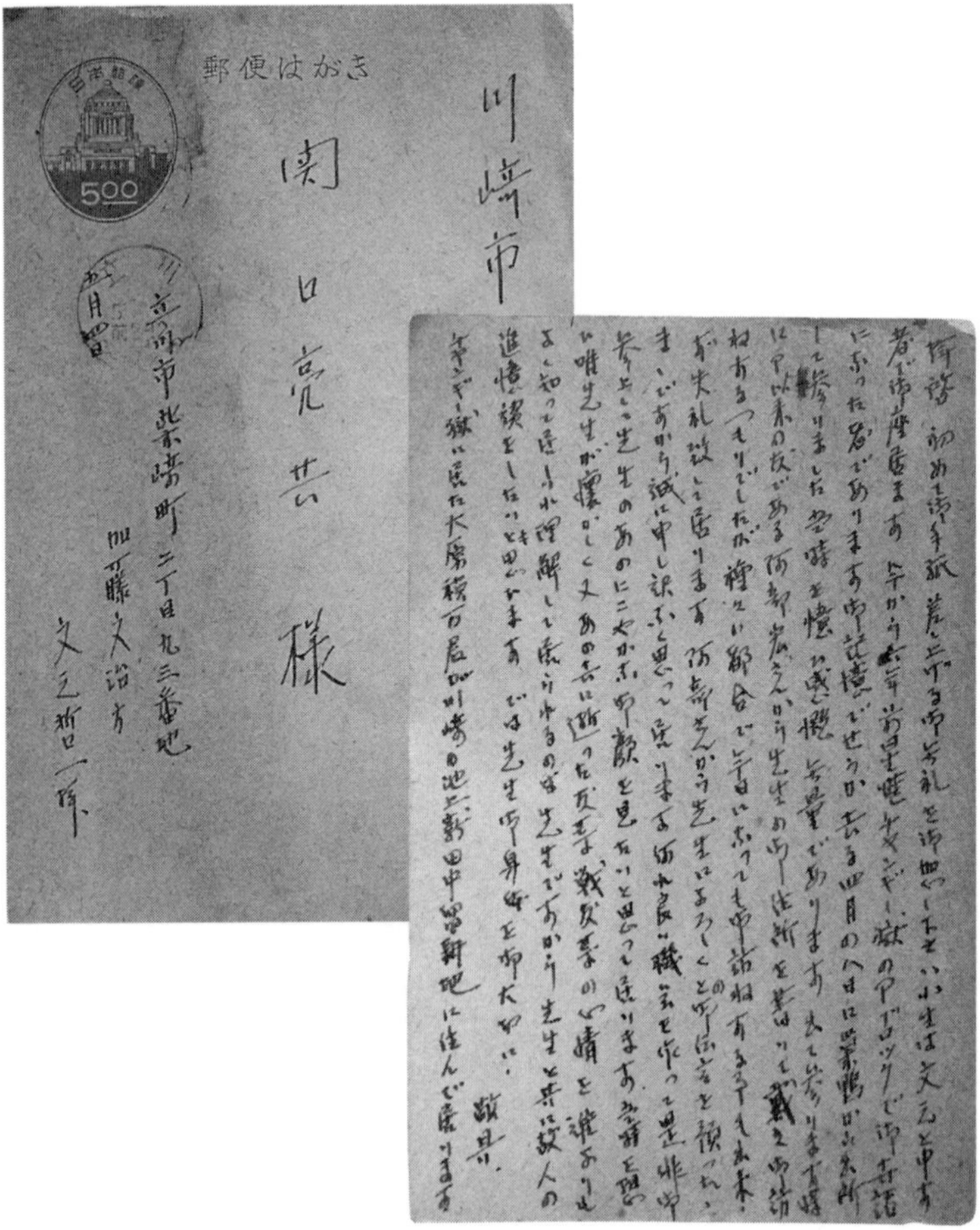

文泰福（文元哲一）氏より亮共宛ての葉書。1952年5月4日付。

文氏はじめ、このような苦難を強いられた韓国・朝鮮人ＢＣ級戦犯に対し、同様の日本人戦犯については、一九五三年以来、軍人恩給等が支給されるようになったにもかかわらず*1、彼らは、一九五二年四月二八日のサンフランシスコ講和条約発効と同時に日本国籍を失ったことを理由に、支給対象から外されている。日本軍の下に日本人の将兵とともに日本人として働き、戦った韓国・朝鮮人元軍人軍属に対し「戦友」たちと同様の補償策を講じるのは、正義の要求するところであり、戦後日本国の責務であろう。

文氏は、一九五五年、同じ境遇の朝鮮人ＢＣ級戦犯たちと相互扶助団体「同進会」を結成し、のちに会長となり、会員たちとともに歴代政府に対し補償を求めてきたが果たせず、ついに一九九一年一一月一二日に東京地裁に提訴した。文氏はこの「国家補償等請求事件」では、戦犯者一四八名を代表する原告団七名の団長となった。しかし、同事件は、東京地裁判決（平成八年九月九日）、東京高裁判決（平成一〇年七月一三日）を経て、最高裁判決（平成一一年一二月二〇日）をもって棄却が確定して終わった。文氏は裁判の途中で亡くなってしまったが、この請求は、場所を国会に移し、前記裁判で示唆された請求の根拠となる「立法」を求める活動に引き継がれ、「同進会」会長・李鶴来氏を中心に粘り強く続けられている（『韓国・朝鮮人ＢＣ級戦犯者の国家補償等請求事件』原告本人尋問調書文泰福平成六年一月一七日東京地裁写し、内海愛子＝韓国・朝鮮人ＢＣ級戦犯を支える会・編『死刑台から見えた二つの国——韓国・朝鮮人BC級戦犯の証言／文泰福・洪鐘黙』〔梨の木舎、一九九二年〕参照）。

なお、本書出版にあたり、李鶴来氏には、若松斉氏、阿部宏氏、洪起聖氏、文泰福氏の思い出も含め親しくお話をうかがい、とくにこの第3章第3節に関連していろいろとご教示いただいた。また、「同進会を応援する会」世話人の大山美佐子氏には、貴重な資料の提供をいただいた。

［注］

＊1　軍人恩給については、現行の「恩給法」（大正一二年法律第四八号）が、一九四六（昭和二一）年二月、ポツダム勅令六八号により廃止されたが、平和条約発効後の一九五三（昭和二八）年八月に復活し、戦犯受刑者についても認められた。また、一九五二（昭和二七）年四月には「戦傷病者戦没者遺族等援護法」（法律第一二七号）も制定されている。

第４章

「明長寺資料」（その２）

日本編

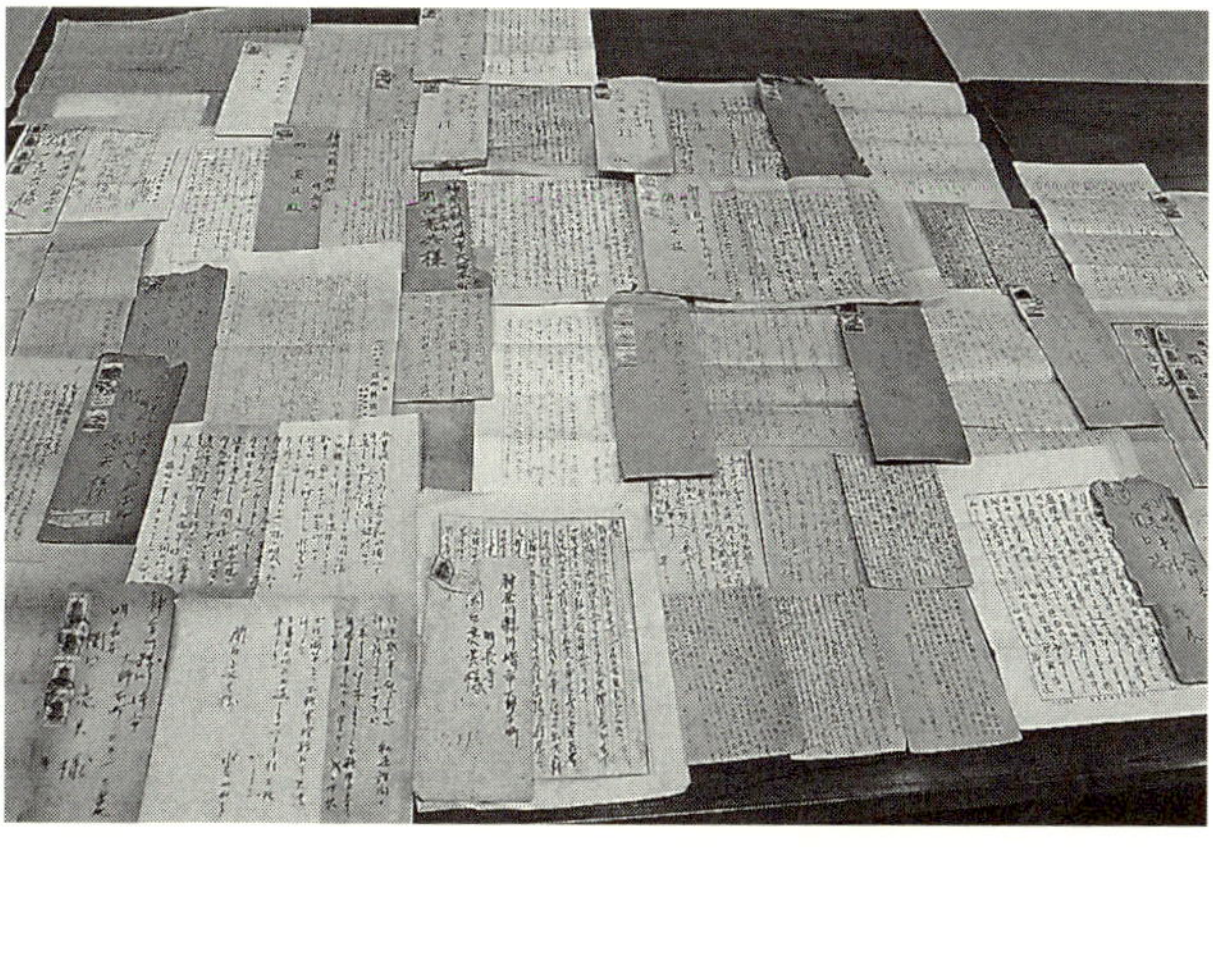

[扉写真]

遺族から亮共宛てに届いた手紙

「明長寺資料」として発見された、遺族から亮共宛の手紙は1946年10月から1949年6月までの消印で、計33通にのぼる。遺族の思いの詰まった貴重な資料である。

本章では、亮共が、チャンギー刑務所より持ち帰り*1、主として復員局経由、各地の世話部を通じて遺族に届けた遺書、遺髪等に対する礼状を掲載する。その内容は単に礼状にとどまらない。

掲載するにあたってはプライバシーに配慮し、個人情報はすべて除き、掲載順序もあえて規則性を排したが、遺族の思いは、できるだけ、そのまま伝えたいと思っている。

手紙、はがきの総数は三三通に及び、発信地は一四都道府県に及ぶ。同一遺族から複数寄せられている場合もあるので、遺族の数は二四名である。発信日は、一九四六（昭和二一）年一〇月から、一九四九（昭和二四）年六月まで。判読不明の箇所は□、個人名その他固有名詞は○によって伏字で表記した。最低限の句読点、ルビ、段落を加えたほかは原文のままである。

［注］

＊1　亮共帰還（一九四七年四月）以前に留守宅に届いたものが数通あるが、それについては、先に帰還する人に託したものと考えられる。

前略御免ください。

春暖の候と相成り、心地良き時候と相成りました。

先日はお土産有難うございました。こちらからお尋ね《〔ママ〕》申す処ですが、わざわざと、遠路のところをお出で下されまして、誠に有難く感謝する次第であります。御両親はじめ、家内一同謹んで御礼申し上げます。

昨年の三月〇日は夫の葬式の日でした。生きていてお世話様になった先生にお骨で帰って、ちょうど一年目に、又もや先生に家のご仏前にて行を唱えてもらえますれば、亡くなった夫も、草場の蔭にてどれ程かお喜びなすった事と思ひます。

世間の口には戸を立てられず。ああの、こうのと言ふ者もありましたが、先生にお目にかかって、くわしいお話をお聞きしましてから、家中の者は安心致しました。

〇〇〔故人の息子か〕に付きましても、御心配をかけましたが、先生の力をかり、亡くなった父の力をかり、一生懸命に教育し良き人になる様、家中の者の力を合わせて、亡くなった父に安心させる様心掛けて居ります。

ではお体を大切にして何時までも私達をみちびいてください。粗筆な礼状でありますが、乱文乱筆にて御礼まで。

かしこ
○○の妻○○より

一筆もって御礼申上候。恩師に於かせられては、万里の波頭を超えて遙彼地へ、ご苦労に預［ママ］かり、多数の人々の為種々お働き下さいまして、茲《ここ》に終戦とともにご帰還に相成りお喜び申し上げます。数多くの軍人をお世話くださいました。その中に愚息○○もおりまして、いろいろ大変なお厄介になったと思います。厚く厚く御礼申し上げます。

ご帰国の節は、遺言書を○○地方世話部を経て、ご送付下され最後の模様までお書き添え下されまして、御礼言上に、参上いたし拝顔の上色々お話等承りたいと、矢も楯もたまらなく思ひましたが仏の弔いや、色々の事情の為、近いうちに参上も出来得ず慮外ながら、手紙にて失礼さして戴きました。

元［ママ］より身は御国に捧げる覚悟は、本人は元［ママ］より留守をいたす家族も覚悟いたして居ましたが、余りの事と、残念此上なく思って居りますが、余り悲嘆するのみではかへって仏にも済まないと思ひ家業に精出し、人様からもお気の毒と同情されるので、家内揃って何一つでも正しい行ひ、恥ずかしくない行ひをと申合わせて働いて居りますので、ご安心下さいませ。

私の家は百姓故秋の収穫がすみましたら、一度お邪魔いたしたいと思っておりますが、とりあへず以一書お礼申し上げます。

敬具

前略
大変お暑くなってきました。皆々様にはお変りございませんか。

先日はご親切なるお便り有難うございました。〇〇の生前中から死の直前、今日に至るまでお手厚いおなさけ身に染みて有難たく存じます。未だに死なんて事考えられません。又この度は三年の供養に対し肉親にもまさるお情唯々有り難く感慨無量でございます。どうぞおよろしくおねがい申上げます。

つきましては同封の為替、この度の御供養の一端にもお使ひくださいませ。

本当にいろいろに長い間お世話様になりました。〇〇も喜んでいる事と存じます。

近くに居りますれば常に心に念じ乍らも、お言葉に甘えまして書面にて失礼致します。

どうぞよろしくお願ひ申し上げます。

暑さに向ふ折柄、御身御大切になさいませ。

戒名　　○○院○○○○居士

拝啓　時節柄、寒さ厳しくなりました。其の後益々御壮健にて御過しの事と察します。
先日は○○○の遺言の写しを受け取りました。遠い外地よりわざわざ持参して下され、誠に有難う御座居ました。厚く御礼申し上ます。シンガポール在中は、主人がいろいろお世話になった事と存じますれば、幾重にも厚くお礼申し上ます。

敬具

ほたる飛び交う初夏の頃となりました。
今日ははぢめましてお便り書かせて戴きます。

関口様はこのたび御無事御任務を終えさせ〔ママ〕られ御帰還の御由長々のおつとめ御苦労様に存じます。

昨日当地の世話部の方が見えられ、あなた様が御持帰り下さいました○○のしのびくさ御渡し下さいました。いろ〳〵とこの度はお世話様になりまして誠にありがたく謹んで御礼申し上げます。○○の訃は去る二月中旬戦友からしらされ承知致して居りました。今更何を申しても甲斐なきこと、只ひたすら子供の為にここ十幾とせ生きのびてやりたいと希ふ心切でございます。あなた様は○○とは日常御一緒でございましたか。最后の日のみ御會ひ下さった方でございませうか。その所十分分りません。けれど、たとえ、ひとときを共にして下さったのでございましても、世の大勢のどなたより貴重な瞬間をお持ち下さった事と存じ、心から感謝いたします。また長い月日のあけくれおなじみ深いお方なら、あの書の中に書かれてない私生活に関するもっとくわしい事をお伺い出来たら、どんなにうれしいかと存じます。公の事は今さら伺って何になりませう。私の知りたいと思いますのは日頃子供や私に対してどの様な事を話していたかと申す事でございます。

知るよすがも無い○○の最后の一年どんな気持で暮したかと思ひ、若し何んな事でも御存知ならよき事わるき事皆お話し下さいませ。

戦いの為に私達の生活はわづか同居五、六年にすぎませず、大半は軍務につきました。長い別居生活に味ひきました精神的経済的の忍苦は並々ではござゐませんでしたが、ものみなの訴える苦澁のことばも歯を結んでたえ、自ら内部にとけこませて参りました。むしろ苦を苦と考えない様に己が心を己れで戦いつかれさゝぬよう、心らくに生きるよう、努力致して来たと申す方があたって居ります。その為に割合人々より心ゆたかに過せてこられたと思います。今、留守、八年目に永久に帰る日の来ぬ事をしらされ、何の為にかく耐えて来たかと、感無量なものがございます。

淡々として逝った様子でございますが、法悦の心境にまで果してどのていど進んでいられたか、虚脱状態であったか、さぞや断腸の想いに、浸っていった事と察せられます。

考えまいとしてゐても折にふれ、その当時の様子が想像され胸のふさぐ気持ちが致します。

今后、私達の現状も如何處置をせられます事か、生活の保証をされて居りませんが、たとへ最低の道を行くとも内部からもりたてて、生きる力、強い精神力でゆたかな心境に立ちたいと希つて居ります。徒らになげかず、自らに興へられた、さだめを静視して生きたいと思ひます。

あなた様は信仰の道に御精進のお方、御面識も無いのに法《ノリ》の道の方と思ひます故か、私のような至らぬものの心も何故か分っていただけるような気が致して、一種の甘へたい様なすがる気持ちで拙筆もかへりみず、心にうかぶまゝ書かせて戴きました。

あの中の一行〝生前　不肖なりし夫をわび　銃後の労句を謝す〟とありましたが、只私に対して、あれだけのことばをのこしてくれましたが、あれ以上のもの、無いと思ふかたはらもっと何か知りたい、きゝたいと、たえず思います。全く私の慾でございます。〇〇の致しました事から、各方面に迷惑をかけ申し分けないと、私からもわびたい気持ちで一杯でございます。が、大きな捨石、人柱、と思ってみるときは、心納まる一方、かなしみ深く、只もえさかる様な自ぼうの気持ちのない事がせめても今後生きる為に、助けにならうかと存じます

次に下手な歌　二、三書かせて頂きます。ご訂正下さいませ。

手のひらに　あまりにかろくかわり果つ　夫《ツマ》帰るなり
待つ日久しき　さし出さる遺品に　戦友《トモ》の声しめり　手のおののきて　しばし黙せり
たくさるる　子はすこやかに　今日を生く　みたまいづくに　もりて居給ふ
あるぢなき　診療室の日だまりに　語ることなく今日も暮らしぬ
拙かりし　夫の綴りも遺書に見れば　いとどきびしく心打つなり

近ければおたづね致し、御礼申し上げるのでございますが、思ふにまかせず、書中略儀なが

ら、右御礼まで。

なお同封のかわせ、ほんの少々でおはづかしいのでございますが、管理中の現世帯故、御許し下さいまして、御仏様におあかりでもおあげ下さいませ。

暑中に向かいます折、くれ〴〵も、御体御いとい下さいませ。

かしこ

拝啓　酷暑之砌愈々ご清祥の段奉慶賀申候。

陳者《のぶれば》過日は乍突然義弟〇〇〇〇の件に関し参上致し候。種々御高配を辱ふし難有御礼申上候。ご教示に随ひ〇〇〇〇〇弁護士の御住所を復員廳《ちょう》〇〇参謀殿に御伺致候處、名古屋市なる事判明仕候間、早速以書面事情を御尋ね致候處、貴臺より拝聞仕候通り、判決の時は歿収と相成居候ものを、〇〇弁護士より長文の嘆願書を以て、歿収免除方御申出被下候結果、確認官が確認の際取消され、文書を以て同弁護士にも通達ありたる由にて、歿収は無き以之なりとの事ご回答被下候。之にて心配致居候事一時に解消、私としても誠に重荷を卸したる心地致居候。郷里の遺族に対しても早速通知致候については多多感謝致居事と存居候。之一重に貴臺の御指示によるものと厚く厚く御礼申上候。何れ一度御禮に参上致度存居候得共、不取敢以書中御礼申上度、如斯御座候。

先は御禮まで。

敬具

拝啓

先日地方世話部より、ご報知被下し、愚息○○○○○の件、種々ご配慮に預〔ママ〕りし由、そのご温情の程誠に感謝に堪へぬ次第です。私ども一度御地へ参上致し当人に代わり、お礼申上度存じますれど、老の身遠き旅行に耐へ難く又の機会を待つことに致します。乱筆乍ら先づは御礼迄。

草々

謹啓　初夏深緑の候と相成候處愈々御清祥の段　奉賀上候
陳者本日当地世話部より貴殿よりの御手紙頂戴仕り有難く只々感涙に咽び居候　弟存命中は一方ならぬお世話に相成り感謝仕り候
尚御苦心の御持ち帰りの品有難く頂き申し候
右取り急ぎ御礼申し上げ候

敬具

前略御免下さいませ。私はこの度び南方にて最期まで非常にお世話様にあづかりましたる〇〇の妻で御座います。

先日は復員局よりの御ことづけ拝受致ししば〳〵お手数のみわづらわしまして厚く〳〵御礼申し上げます。御人には〇〇の為めには数々お世話様になりました。地下でも故人もさぞかし感謝致して居ります事と信じます。

終戦にはかくなる事とは覚悟は致しては居りましたものの一時は子供さへなかった□なれば

と恥ずかしい事ながら世の中がなさけなく感じましたが、四人の子供の為め苦難の道を渡る事を決心致し、故人の意思を尊重して子供を養育するつもりで御座居ます。

早く御礼申し上げねばほんとに申訳ないところで御座居まして故人に対してもわるかったので御座居ますが、現今の生活状態のため少しでも食料を作りたいとなれぬ仕事にむりを致し、ふらふら致しましたので心ならずもご無礼のみ重ねました。あしからずおゆるしくださいませ。

子供等はおかげさまでみな健康にて其の日〳〵暮して居ります。これも地下より〇〇の御たすけならんと信じて居ります。朝な夕な故人の冥福を祈りつつ子供のためも〳〵として生きて参る信念で御座居ます。

ふつつかなる文を差上げまして何とぞおゆるし下さいませ。

先づは乱筆にて厚く御礼申し上げます。

終わりにご家族様の御多幸をお祈り申上げます。

あらあら　かしこ

謹啓　衣更する梅雨の候となり連日に亘って鬱陶しく御座います折柄、高堂愈々御多祥の段慶賀至極に存じ奉ります。

陳者、今度不思議の御縁に依って計らずも故愚息〇〇〇の確報を下いまして、謹で深甚の御礼を申し上げ、尚厚面の至りに存じますが将来故人に変〔ママ〕って一層の御指導と御援助の程伏て懇願申し上げます。

回顧と〔ママ〕彼は昭和十三年の御召し依り〔ママ〕しかも近衛の師に復し、今日に至りました。深き決意のもとに勇々しく門出致しましたが、不幸にして何等報ひる事も出来なく申訳もないですが、しかし乍ら天命の果てと自決致して信念に生くを喜んで刑に處せられた由斯成迄の御導き下されしご苦労は如何ばかりかと拝察申して何ともお礼の申し様も御座いませらん〔ママ〕。何卒ご賢察の上お赦し下さい。御蔭を以って彼が死に至る迄の様が目のあたりに映じます。此の上は故人の冥福を祈って遺志に従って一層国家再建に盡す覚悟致して、老躯を野に晒して増殖に勉〔励〕んで居ります。最速参上致して親しく御鳴謝申上ぐ可き筈なれ共、農繁最盛期に迫って甚だ失礼をも顧ず御礼申し上げます。末筆乍ら御多幸を御祈り申し上げます。

拝啓
　突然ながら御礼申上げます。
　私は貴師がシンガポールに御出張中一方ならぬ御世話を受けました、〇〇〇〇〇の実兄で御座います。過日第一復員局より通知を受けまして、遺書を受取りました。誠に有難う存じます。
　上京の節伺いまして、親しく御目にかかり、当時の様子も伺ひ度と存じます。その節は何分よろしく御願申し上げます。先は不敢取葉書にて御礼申上げます。

お暑さ厳しくございます。平素は御無沙汰申上げて居ります。お許しの程を願い申上げます。

扠《さ》て主人生前中は何にかと御世話様に相成りました事と存じ上げ、厚く〲御礼申上げます。

扠て此の程は御丁寧に御遺書御送頂きまして、まことに有り難とう存じます。御貴殿には御無事に御帰還遊ばされました事はまことに㐂こばしく存じ上げます。其の後御元気にてお過ごしでございますか。

一度参上お伺ひ申し上げたう存じますが思ふ様にまかせず失礼申上げて居ります。御貴殿にはお暇なぞは御座いませんでせうが一度○○の方へ御遊来下さいまして、是非私宅へ御越しくださいませ。お待ち申上げて居ります。

色々と申上げたき事澤山ございますが、胸にせまって書く事は出来ません。お暑い時節柄充分御身体をお大切に遊ばされます様、くれ〴〵もお願い申上げます。

先づは取り敢えず御礼まで

あら〳〵　かしこ

前略ご免下さいませ。時候不順の折からおさはりもなくお過しでございますか、御伺い申上げます。

私はシンガポールにて一方ならぬお世話様にあづかりました○○の妻でございます。この度は主人が何かと御世話様になり、最後〔ママ〕の時までいろ〳〵御手数をおかけいたしましたこと厚く御禮申し上げます。御帰りの節には遺書も御持参下さいましてまことに有難うございました。

主人も判決を受けましてから長い間の不自由な生活、死を眼前にして、どのような思いで居りましたことかと遠い〳〵異郷の事故なほさらいぢらしく思ひやられまして、私の胸ははりさけるばかりでございます。貴方様の御法話によりまして、主人も安心して最後の時を迎へました事でございませう。今はもう熱帯の土になり晝《ひる》は強烈な太陽に照らされ夕となればスコールに洗はれ、夜は南方十字星の下に何を夢見て眠る事でございませう。叶いますならシンガポールへとんでゆき主人の墓に詣でたいと思ひましてもどうする事も出来ません。人間というものは肉体が亡びましても魂は我家へ帰りますのでございませうか。遠い異郷に敗戰の犠牲となって死なねばならなかった主人の胸中を思いやっては涙にくれてしまいます。主人の骨はたとへ戻りませんでも魂だけは無言の帰宅をしてきっと我が家に私共といっしょに居ります事とそれのみ心に信じながら、未だ公報もございませんのでかげながら供養をいたして居ります。

主人の最後はどうでございましたでせうか。どのやうな苦しみをいたしました事かと案じられてなりません。

何卒〳〵御暇もございましたなら主人の様子、などくはしくお話し下さいませ。すぐにもお伺い致したく存じながら子供を抱いて居ります上に乗物の不自由のため思いつゝもお伺い申上げる事も出来ません。もう少し乗物がらくになりましたら是非一度お伺い申上げ主人の様子など承り又私の心も落つきます様に御法話など伺はせていただきたく存じております。今の私はもう何も生きる希望もございませんが子供のためにとただそれのみで強くならねばと死の誘惑から無理にものがれなければと心がけて居ります。

不順の折から御身くれ〴〵もお大切になさいますやう。乱筆にてまことに失礼申し上げました。

お禮まで

かしこ

○○○○妻○○

○○

お忙しい所を早速御返事下さいまして、まことに〳〵有難く厚く御禮申し上げます。おかげ様で主人の在りし日の様子もおぼろげ乍ら想像も出来、いつぞや何も知らずにただ案じながら

書いた手紙も主人の手に渡り、主人もこちらの様子も知りさぞ心嬉しかった事と存じます。遠い所の事故何事も知らずただ〳〵帰る日のみを楽しみに、主人の衣類の縫なほしなどしては楽しい想像に生活の苦しみも忘れておりました。主人も人間の事故諦めるまでどのやうに悩み苦しんだのでございませう。でもきっと関口様のおかげにて静かな心になって亡くなりました事でございましょう。お手紙をみてもわき出る涙を止める事が出来ませんでした。

戰争というものは何と残酷なものでございませうか。世界中にどの位の人が泣いてゐる事でございませう。

般若心経を主人は読んでおりましたとか、そうした御本はどちらで手に入れたらよろしいのでございませう。もし発行所を御存知でいらっしゃいましたら何卒おついでの時にお知らせ下さいませ。

私も主人の魂はきっと我家に帰っている事と信じて、主人の冥福を祈って子供を育てて行かねばと心がけております。でも何か仕事をしておりましても、主人の墓に誰がお参りしてくれる事もなく、熱帯の太陽に照らされスコールにあらわれ夜は何を夢見て眠る事かと思いますと、せめて主人の墓の土なりを見たいと思ふのでございます。どうかしてもっと落ち着いたあきらめの心になりたいと思ふばかりで、どうしてもほんとうに悟った心持になりきれません。何卒おひまの折おいおいお話をうかがわせて下さいませ。

不順の折から御身くれぐれもお大切になさいますよう。
お礼まで。

かしこ

御親切な御心のこもった御手紙とお經まことに〳〵有難く厚く〳〵御礼申上げます。いろいろとお話承りましてだんだん心が落ち着いて参りました。ほんとうに人は一度は死なねばならぬもの。お國のために働いた事があだとなって異郷に亡りました人々はきっと心の中に自らのつとめを果した心安さがございました事でせう。

主人の肉体は遠い遠い南方にくちてしまいましても私の心の中の主人はいつも生き〳〵と立派な姿ばかりでございます。人の肉体はどうされましても心までは自由にはされませんでせう。きっと魂はめい〳〵の我家で安らかに居ります事でせう。

主人の百ヶ日の心ばかりの供養もすみましたので今日から洋裁の勉強を始めました。そのはじめてのおけいこ日に丁度御手紙頂きましたのも主人の魂のみちびきでございませう。御言葉通り立派に一生懸命に働いて子供を育て自らのつとめを果してから主人のそばへ参りませう。

頂きましたお經を毎日唱えさせて頂きます。いづれ又ゆっくり申上げたく。不順の折がらくれぐれもお大切になさいませ。

梅雨とは申しながら毎日うっとうしい空模様でございます。

先日は御親切様にいろ〳〵と御言葉頂きましてまことに〳〵有難く厚く御禮申上げます。頂きました御經毎日かげながら唱えさせて頂いて居ります。いづれ折を見まして是非一度お伺いさせて頂き度く心がけて居ります。

さて本日あちらから帰った通譯の〇〇〇様が訪ねて下さいまして、主人の話をいろ〳〵伺いました。主人は死刑の宣告と同時に遺族の財産の没収もされるという宣告を同時に受けたとの事でございますが、ほんとうでございませうか。主人のだけでなく遺族の財産まで取られてしまふとのお話なので、あまりの事に驚いてしまいました。

関口様もシンガポールでそういう噂（主人が財産没収の宣告を受けた）をお聞きになられたことがございますでせうか。何卒、どんな事にも驚きません故どんな事でもお知らせくださいませ。又主人が生前お目にかかって居りました時、さういふことを主人が申して居りました事がございませうか。何卒至急御返事頂けますよう、折入ってお願い申上げます。とりいそぎまして乱筆にてまことに失禮いたしました。

不順の折からくれぐれも御身お大切になさいませ

かしこ

立秋とは申しながらなか〳〵の御暑さでございます。御さはりもなく御過しでゐらっしゃいますか。いつぞやは御親切様にいろ〳〵とまことに有難うございました。

私もつとめて明るい方を見るやうに心に希望を持って暮すようにと、仕事に励んで居ります。ミシンをふみ乍らつい〳〵涙をこぼす日の方が多いのでございますが、同じ思ひの方々の事を考へますと、さうした皆様の後生の安らかにいらっしゃるようにと祈らずに居られません。

いつの日にか御目もじの上、いろ〳〵お話伺ひたく心がけております。

御暑さの折から皆々様くれ〴〵も御身お大切になさいませ。

かしこ

みづ〳〵しい青葉に風かをるよい気候になりました。御さはりもなくいらっしゃいますか。

久しく御無沙汰いたしておりまして申譯なく存じて居ります。一度、御伺い申上げたいと思いながら生活に追われてしまいまして。いつの日にか御話伺いますことと心がけて居ります。おかげ様で子供と二人毎日元気に過して居ります。人様の縫物をいたしましたり、主人の姉の居に手傳いに通いましたり、精一杯働いて参りました。この先どうして生活してゆかうかと考えて夜も眠れないこともいく度もございました。今度ご親切なお方のお世話で市内で宅から程近い信用組合に勤めさせて頂けるやうになり、先月半ばから毎日朝一しょに出かけ、幸いに帰りの時間が早いと午后三時半には帰宅出来ますので、子供にも淋しい思いもさせずに働いて居ります。始めてお給料を頂きまして主人の佛前へ果物を子供にゴムマリを買ってやりました時は、嬉しくて涙が出てなりませんでした。人様からみればわづかのお金でもほんとうに有難く働くよろこびを身にしみて味いました。色々悲しい思いをしましたせいか、一寸した事にも喜びや感謝を味い、亡き主人の魂のいつも身近くゐるような心強さを感じて暮しております。主人の魂が力ぞへしてくれてゐるやうな気持がしてなりません。人間は苦しまなくてはほんとうに幸せにはなれませんのですね。

これからも何卒よろしく御導き下さいませ。不順の折から御身お大切になさいませ。

かしこ

拝啓　新年お目出度御座います。一度のお目もじ無き御方様へ突然お便差上げますのは、大変失禮と存じますが、幾重もお許のほどお願ひ申上げます。

先日御親切なる御世話なし下され主人〇〇〇〇元上等兵曹、此の度不運なる立場における事と成り、此の事に付いて私共に對して面談記を復員局を通じお送り下され、御厚情の程厚く御禮申上げます。私より願っても叶はぬ不幸の中にも有難き仕合せと存じます。同じ罪人の中でも面談記を戴かない方もあるとの事ですが此んなお話聞く度に、良く〱ご親切な御方様に面談させて下さった事かと一同肉親話合って、悲しい中にもうれしく思って居る次第です。又うわさによれば、遺言とかはお許が出ないとか聞きますが、どんなにか御難儀なさって、残る身を思って死んで行く身に御同情下さった事かは、書面上つくづくお察しされました。親戚一同より厚く御禮を中上げて居ります。もう此れ以上お聞かせ下さることは又恨することは失禮と存じます。また主人は、男気の少ない少気者でしたが、口数は至って少ない人でしたので、あまりお話もくわしくはしなかった事とは思ひますが、此の世の最後の場合お懐かしい言葉を出すことできるお方様に面談お許しくださった事を思へば、まだ少し何か別に申していたことが御座いませんでせうか。もしお思ひ出し出来ますれば御心配なくお話下さいませんでせうか。

　数々人々の中で自分の夫のみの事深くお聞きするのも御無理なお願ひですが、どうかお許下さいませ。實は、ありがたき御面談書つきます迄の私は元《［ママ］》より肉親一同の苦しみは、一方で無かったのです。戦場にある身は、□□よりの事故死は元《［ママ］》より惜しまず居ましたが、敗戦後とは察せられながら戦後と聞くや思いよらぬ悲しい運命、主人の気性として罪をおかすような人でなかったことを信じる私共は、餘りも苦しい立場で御座いました。去る年の七月末東京の方から案内状を戴き、主人の身元を書いて辯護士にお願ひも致し、シンガポールへ持って行かれた事と思ひますが、せめて本人の命ある内に行き付《［ママ］》いていたならと思ったのも残念な事に成りましたが、本人が死んだ後ではもう見せて戴く事は出来なかったでせうかしらと思ってみます。出来れば見せて戴き無實といふ事が、晴れると死んだ身もうれしく思ひはせぬかのやうに思われてなりません。無実とは残念ながらも世間の人様へはもう少し私共もお詫が楽な気になれます。御書面戴いて肩身が廣く成った思ひが致します。世間のうわさはついつい耳に入るなれば、下級の身は死刑と成る事は無いことで、いよいよ本人が人間のする道以外の事をした人であるとか聞きます度に、なんと悪い人間に成ったものか、もし気が違って居たのではなかったかと大変苦労を致しました。せめて戰病死か戰死ならば人のうわさも無いものをと悲しい思ひもいたしました。何事も運命とあきらめる外ありません。遺骨もどこか判らず十二月〇日を以て葬式を致しました。

関口様には、シンガポールからお歸りに成られていらっしゃる事か、まだまだご用件がおすみに成られないことかとも思われする内にお禮状も直ぐ出しませず、大変おくれました。どうかお許下さいませ。まだお歸りに成りませんでしたら奥様どうかおよろしくお禮申上げてくださいませ。ご主人様には遠方の所へおこし下さいまして、主人は色々と御世話に成りました。厚く御禮申し上げます。寒さの場合御一同様お身御大切になさいませ

〇〇〇妻　〇〇

乱筆にて御許し下さいませ。

昨日は、御親切なる御便りお送り下さいまして、此の有難いうれしき事は何んと御禮申上げまして良いかわかりません。親子三人お便りを中に拝見させて戴きました。一字一字に私共の

心中お察下されし色々とお慰めのお言葉、今後にいたる生活上の力付等細々と御同情たまはる御書面おしたため下されて、此の上なき悦びを致しています。

関口様には御名誉高きお務を異郷の地にて永々御務め遊ばされ、此の度ご無事にてお帰遊ばされましたお由、本当にお目出度くお悦び申上げます。事件が重大故の事にて人の身の上とは申せど日々気味悪きおつらい思いをなさった事と思ひます。本当に御苦労おかけ致しました。関口様御面談下さいました時の主人の気持どんなにうれしく思った事か、自分の思ひをお話出来て本当に心安らかに亡く成れた事と思います。死するには違はねど後に残る私共一同の心持としても、御面談下さいました事が最上の仕合と喜んで居る次第でございます。戦死はかねてかくご致して居ましたのですが、罪人と成ったのが何よりつらく思って昨年の今頃は、日夜骨が一つ〳〵別れるやうな思いを致しました。死刑と處刑との遺言書とか遺髪とか、次から次へと身を裂かれる思ひひまなき苦しい思いの中に、まだ〳〵御心こもりし主人の気持を書面にして遺言お送り下されしも中々安心出来ず、主人の下級の身なるからにはとても安心はならん、きっとお慰めのお言葉のように察して居まして失礼致しました。此れから安心して暮らさせて戴きませう。

主人は、常に口数少ない人でしたが最後のお別れにも充分に御禮申上げました事か、心配します。同じ〇〇縣人の〇〇様ご存知でございましょうかしら。アンダマンでは、〇〇縣人とて二人の組に入るとは、よく〳〵不運なことです。主人と一緒の刑を受けた氏名お知らせ下さいませんでせうか。お聞き出来ますればお願い致します。

早速お禮に参上するべきなれど、時節柄失禮ながらしばらくお許しくださいませ。早くお目にかかり、様子承はり度いと存じますけれど、もし〇〇縣へお便りがありましたらどうかおたづね下さいませ。

末筆ながら奥様へおよろしくお傳へ下さいませ。お暑さの増今お体御大切にお暮し遊ばされますやうお祈申上げます。お禮の印とはなりませんが心ばかりお送りします。どうかお受取り下さいませ。一金百円也お送りします。

〇〇〇〇拝

関口亮共様　外ご一同様

〇〇

〇〇

拝啓　大変永々の御無沙汰致して居ます。どうか御許下さいませ。ご一同様にはお元気にて御暮遊ばされていらっしゃいます事とお悦び申上げます。日にちの立つのは早きものです。いよいよのどかな春が訪れました。野山に美しい花の見えるのはなんと気持の晴々を感じられます。先建[ママ]ては親戚の者御多忙中の所へ大変御厄介おかけ致しまして、何んともお詫びの申上ようもございません。御親切なる御一同様のお心づくし有難く厚々御禮申上げます。色々と厚き御世話様戴きまして、私共一同も元気にて感謝致しつつ日々を過して居ります。どうか他事ながら御安心下さいませ。〇〇様お便り差上げましたが大変お喜びでした。其の後御宅様へお便りが参りましたでせうか。度々お伺いしてお禮申し上げるべき所、心にも無き永々失禮をお許下さいませ。末筆ながら御一同様へおよろしくお傳へ下さいませ。

かしこ

謹啓

秋漸くふけて日ごとに冷気肌射す候と相成りました。突然書面にてお邪魔申し上げます。私方は〇〇〇〇方でございます。

〇〇府〇市〇〇〇〇町の〇〇〇〇〇方でございます。一度貴殿様に折入ってお尋ね致したいと存じます。私方子息〇〇に付いて詳しい事をお聞きし度いと思いまして、一度参上致し御ゆっくりとお伺い致すべきなれど、何分遠方のところと不便上なしとげる事が出来ず、非常に残念に思って居ります。

もし貴殿様が私方子息に付いて細詳がをわかりで御座居ますれば、死の原因を隠さず一報もってお知らせ願えませんか。実は私方も親一人子一人の家庭にて、いかなる事が御座居ましても生命だけは無事に帰って頂かねば成ら無い事と、日頃念願致して居りました処、先日〇〇地方世話部の方より凶報が参り、事の次第にて今更嘆いて居ります。どんな事情にてか、こんな心外な事が御座居ません。敗戦約一ヵ年も生命を持ちながら、何故捨てねばならなかったので御座居ませう。その細詳をはっきり知り度いと思ひまして、ご迷惑ながら貴殿様にお願ひ申し上げる次第で御座居ます。先ずは右乱筆にて。では何分よろしくお願ひ申し上げます。

草々

拝復

残暑厳しき折柄ますます御清穆《せいぼく》の段賀し申上げます。今般ご丁重なる御報せを賜り一同感銘罷《まか》りおります。謹で深く御禮申上ます。御書面により○の心境を知り安堵仕りました。憶へば彼も私共も長く夢の生活でありました。総てが敗戦の結果であるとは申しながら現在の世情も知らず、戦時中の所謂軍人精神なるものに徹し寂しく往きました彼の事を考えると胸に迫るものがあります。戦死であれば諦めます。私共は敢えて厚遇を望むものではありませんが国家社會は、戦犯者と破廉恥的犯罪者を混同し、否より以上悪質と視し居る次第を思ふとき残念でなりません。愚痴を申し上まして相済みません。何れ上京の節は、拝眉の上御礼申し上ます。終りに御師の健康を祈り上ます。

敬具

拝啓

今般東京地方世話部より愚息○の遺言記録の送付を受けました。生前御師の心からなるお教えにより当人は、安堵往生したる様を承知し実に感謝に堪えません。厚く〳〵御礼申し上ます。

就いては、生前の本人を偲び、凡てを追慕したいのが私共親の情であります。御師帰還にお成で御出でであります れば、御迷惑でも御面會したいのであります。お手数でもご帰還になられましたか否か、或は何時頃お帰りになりますか、御知らせ下さいますれば幸甚の至りであります。是非お願いします。

父○○○○拝

拝啓

先般は、突然参上いたしましてご厚遇に預かり深く深く御礼申し上げます。○の在りし日の様子を承り実に有り難く存じます。昨日年来念願して居りました事が相叶ひ㐂んで居ります。何れ近々帰京の予定で居りますのでその節は萬縷《ばんる》申上げます。

先は取り敢ず御礼申し上ます。

敬具

拝啓

お手紙を通じまして貴兄様とは、初めてで御座います。

私は、戦地（泰《タイ》派遣泰捕虜収容所）に務めておりシンガポールで敢えない最後《〔ママ〕》を遂げました○○○○の妻で御座います。主人存命中は、一方ならぬお世話に預り厚く御礼申上げます。

主人の判決は、五月六日新聞紙上にて突然知り、その節の気持、家族一同の驚き悲しみ、例へ様も無く筆や言葉で云ひつくす事が出来ません。私も一時は、子供が居なければ、共に彼の世にと幾度思ひ、熱涙を込み上げた事で御座いませう。

愈々七月三十日新聞にて黄泉の客と相果てた事を知り、深く〳〵冥福を祈りました。

それに就きましても誰人［どなた］か主人の様子をご存知の方は無きかと最後の様子を知りたいと深い望を抱いておりました。只○○留守世話部を頼りに何度も足を運ばして居りました。

昨日世話部に行きましたる所、遺言状併《ならび》に貴兄様の御名、御住所が戴いており、藁をも掴む気持で帰宅後直に貴兄様の御許にペンを走らせて居るので御座います。

表記ご住所にご在宅か如何か案じ乍ら、只主人の模様を知って居らっしゃる方は本当に一人貴兄様で御座います。何卒此の自分を哀れと思召して、ご多忙の中、誠に恐入りますが当時の主人の様をお知らせ下さいませ。

新聞紙上の如く英兵を虐殺したので御座いませうか。

或は部下の責任を負ったのかも知れませんが、余りにも罪が重う御座います。

平素特に私共に言ひ聴かせたく口に残して居た言葉等、御座いませんでしょうか。少しなり共様子をお聴かせくださいませ。

晩餐会を共にし「海ゆかば」の歌を歌ったと書いて有ります所に来まして、私も到々《〔ママ〕》机に打伏せになって仕舞ひました。気持ちをお察し下さいませ。

又同僚の罪に落ちた方々に、深い同情を寄せづには居られませんでした。

敗戦日本、幾多の人類が此の為に犠牲になりました事か、将来の事を考へる時暗澹たる気持ちになって参ります。

近きところならば飛んで御目にかゝり度く、お話も受け給はり度いので御座いますが、それも儘ならず、何卒意をお汲みになりまして御願ひいたします。

尚、御無事御帰郷なさいましたお祝いと共に向寒の折呉々も御身大切に遊ばすよう祈り上げます。

かしこ

拝啓　時下厳寒の候貴家益々ご清祥のことと存じます。

さて私儀倅○○は今日遺髪帰宅致し、貴殿の彼地にて○○に面会せし事詳細に書き下されし書面も同封致してありましたが、餘りにも突然の事故家内一同驚き居ります。親の愚痴と思はれますでせうが倅○○は、昨昭和二十一年五月四日死刑の判決を受けたることが復員局（東京復員庁）より通知され、家内一同も諦めてゐましたが、然るにその後同年七月二十四日付けにて第二復員局より、弁護士を派遣する故通信事項があれば八月十日まで到着するやう送れとの書信あり、早速送信致しまするや八月に入り三年の刑に変更決定され、一同安心致し居りましたが、同八月二八日附の○○合同新聞紙上に無罪釈放の三名中に○○の名前が出て居りました故、一同大いに悦び居り帰還の日を待ち居りたる次第です。

而るに今日貴殿の書面を拝見致しまするに、倅○○の命日は昭和二十一年七月○日となって居ります故、右に述べましたる日附と照合しまするに合点の行かぬ点があります故、親の愚痴とは思ひますが、倅の写真を同封致し置きます故、今一度相違なきかを御照合の上、ご面倒ながら御知らせ下さるやう伏して御願ひ申し上ます［この手紙にはご子息の顔写真が同封されていた］。

甚だ御多忙中を勝手なお願ひを申して済みませんが、何とぞ右御返事下さるやうに御願ひ致します。

　五月の候となりうららかな日和が續いて居ります今日この頃、ご健勝にてお過しの御事と存じます。まだ一度も御目もじ致しませぬ関口様へ無躾なお便りにて失禮申上ます。私事、南方チャンギ収容所にて絞首刑の刑に附せられました○○○○○妻○○と申します。その節には一方ならぬお世話様に相成り、私より厚く御礼申し上げます。主人も草葉の陰にてきっと㐂んで居る事と存じます。昨日復員省の方より主人の収容誌と遺書とを渡されました。関口様のご苦労を厚く感謝致して居ります次第です。主人の事件に附［ママ］きまして何か一つでも尋ねて見たいのが私達只今の心境です故、失禮と存じましたがそちらまで御伺ひ致したく、そして最後の事もお聞きしたいと存じております。

　御迷惑の事と存じますが私達訪問の件お許しくださるでしょうか。出来ましたら何とぞよろしくお願い申し上げます。身勝手な事ばかり申し上げて誠に申し訳ございません。では、簡単乍お願事終始にて失禮致します。お身お大切にお過ごし下さいます様お願い申し上ます。

かしこ

拝啓　秋冷の候御貴臺いよ〳〵御清祥の御事とおよろこび申上げます。私は、本年〇月〇日シンガポールにて処刑されました故陸軍〇〇〇〇〇の姉でございます。過日は、縣民生部を通じ遺書並びに御書面を賜り有難くたしかに拝受いたしました。御禮申上げます。弟には、最後の日佛縁を頂きましてあなた様にねんごろなる御経をいただきましたる御由、家族の者としてこれ以上の悦びはございません。己が不徳の至りとて若梅のままに散りにし弟の不憫さに涙致しつつも、はるけき異境にありながら有難き御佛の経の一巻を賜りしを思ひては、感謝と安堵を致しております。厚く厚く御禮申上げます。其後戦友皆々様の御言葉により本月〇日の日に因みて告別式を相営み、あの子の霊も今は静かに故里に眠りたる事と存じます。憚りながら何卆御休心下さいませ。早々お禮申上げねばなりませんのに誠に延引して申し訳もございませんん。悪しからず御容赦くださいませ。先は、粗書にて御厚禮までに。

かしこ

父〇〇儀生前大変お世話になりましたが本年〇月〇日シンガポールに於て死亡しましたの

で、来る七月〇日（盛夏でご迷惑とは存じますが）、午後二時から三時迄の間、〇〇市〇〇町〇番地の自宅で告別式を行い、同時に最後の模様御話申度いと思ひますから御通知申上げます。尚御存知とは存じますが、母〇〇〇は昨年八月〇日死亡しましたので、只今は表記の処に世話になって居ります。

〇〇市〇〇町〇丁目〇　〇〇〇〇様方　〇〇〇

拝啓　新緑の候となりました。皆々様には御健かに御過しのことと存上ます。

さて主人〇、昨年星港《シンガポール》にて死去致しました忌日を以て去る四月〇日、自宅にて葬儀を執行致しました。生前は一方ならぬ御交誼を賜、爾後何彼とご懇情を辱ふし御厚礼申上ます。

先は御礼旁々御通知［し］ます。

草々

拝啓　先般は突然御伺ひ致し其の節は種々御世話様に預り、有難く厚く御礼申上げ候。陳者予而話題の倅〇〇事死亡公報有之就ては、来る十六日十四時葬儀可致候旨、謹み御通報申上、謝し候。

以上

日毎に秋も深くなって参りました。見ず知らずの者より突然お便り差上げます事何卒悪しからず御許し下さいませ。私は過日大変お世話になりました〇〇〇の愚妻で御座います。その後お元気で御送日でいらっしゃいますか。御伺い致します。前方は主人に対して誠に身に余る尊い御言葉を頂きその上、一方ならぬ御世話様に相成り全く何と云って御礼申し上げて良いやらその言葉も分りません。云ひしれぬ感謝の念に打たれつゝ、謹んで厚く厚く御礼申し上げます。如何になるもすべて運命と諦めねばならぬ事乍ら女の弱さ、共《〔ママ〕》するとくづれんとする心を引しめ〳〵して居りましたが、過日戦友のお人より委しい様子を承り弱き心を一入強く立ち上がらせて頂きました。其の後は、

國の為　殉ぜし花はおしまねど　我子の姿　一目見せ度し
國の為　散りし主人を偲びつつ　強く正しく我も進まむ

粗末乍ら此の句を主人への手向として、訪れ来る如何なる苦難にも耐へ得る覚悟で御座います。何卒御笑読下さいませ。

先は右御礼迄。早々とは心に掛り乍らこの様に延引致しました事、何卒悪しからず御許し下さいませ。主人への御恩は終生忘れ得ず常に感謝しています。

では呉々も御身御大切に遊ばしませ。

かしこ

本書で紹介した貴重な資料の数々は、明長寺において、
今後大切に保管していきたい。

[編著者略歴]

布川玲子（ふかわ・れいこ）

1944年生まれ。捜真女学校高等学部を経て、早稲田大学政治経済学部（政治）卒業、早稲田大学大学院法学研究科修士課程（法哲学専攻）修了、博士課程単位取得満期退学。1988年山梨学院大学法学部教授、2012年定年退職。共編著に『砂川事件と田中最高裁長官――米解禁文書が明らかにした日本の司法』（日本評論社、2013年）、『司法権の法哲学的研究』（日本評論社、2016年）などがある。

伊藤京子（いとう・きょうこ）

1980年、神奈川県川崎市の天台宗明長寺に生まれる。本書で紹介する明長寺16世住職亮共の孫。1999年3月雙葉高等学校卒業、2000年4月東京芸術大学美術学部建築科に入学、2006年3月同大学中退。2002年に得度、続いて比叡山の行院にて60日間の修行を満業。法名は亮樹。現在は兄・亮寛が住職を務める明長寺で裏方として働く。

教《きょう》誨師《かいし》 関口亮共《せきぐちりょうきょう》とBC級戦犯《ビーシーきゅうせんぱん》
シンガポール・チャンギー刑務所《けいむしょ》 一九四六－一九四七

2017年7月20日 第1版第1刷発行
2017年8月15日 第1版第2刷発行

編著者――布川玲子・伊藤京子

発行者――串崎 浩

発行所――株式会社 日本評論社

〒170-8474 東京都豊島区南大塚3-12-4
電話 03-3987-8621 FAX 03-3987-8590
振替 00100-3-16 https://www.nippyo.co.jp/

印刷所――平文社

製本所――井上製本所 装 幀――レフ・デザイン工房

検印省略

ISBN978-4-535-58707-6 Printed in Japan